生命，
因家庭而大好！

本質教養

세상에서 가장 쉬운 본질육아

兒童心智科醫師
池羅英 지나영／著

林育帆／譯

22個親子練習，
打造品格×心智×學習的全方位素養

序言——

只要基礎教得好，孩子就會好好長大

在亞洲，為什麼養小孩這麼辛苦？辛苦到人們覺得不生小孩才是明智之舉的地步？

孩子出生固然開心，但是另一方面，也有人覺得「如今我的人生徹底結束了」，就連帶孩子也帶得十分辛苦。太過沉重的負擔，淡化了生下孩子後育兒的樂趣與幸福。

不是只有爸媽辛苦，孩子也很辛苦，不但每天要依照安排好的行程度日，還得按成績排名，常常為此失去自我，根本無暇思考自己喜歡什麼、想過什麼樣的生活。假如無法達到父母的期望，便覺得自己毫無價值、得不到愛，為此感到惶恐不安。

不少人長大成人後往往因失去目標而感到徬徨，對人生感到空虛，生活過得鬱鬱寡歡。父母含辛茹苦拉拔孩子長大，但不知道為何，這些年輕人卻一點也不幸福。更棘手的問題是，那些負擔到最後又是由父母來承擔，許多年輕人既無法離開父母獨立生活，也當不了自己人生的主人，甚至把這種問題歸咎於父母，然後一直抱怨。

大多數的父母用關愛與犧牲養育孩子，他們深信當下自己所遵循的育兒之路，對孩子而言是最理想的教養方式。然而，世界瞬息萬變，孩子們未來將會活在一個當今父母無法想像的嶄新世界，但父母卻根據自己從小到大的過往經驗法則與現今的典範規定來養育下一代，後果將造成孩子無法妥善替未來做好萬全準備。

任職兒童心智科醫師將近二十年，為不少家庭看診過，可是我經常感到遺憾。所有人都想好好養育孩子，甚至不惜放棄自己的人生，全心全意照料孩子，卻依舊感到不安。即使覺得方向走偏了，但看到別人都在做某件事，嘴上說著自己無可奈何，也改變不了教養的方向。真正重要的沒教，反而執著在無關緊要的事情上，一旦孩子沒有如願成為自己期望的樣子，這才感到難受，覺得天好像要塌下來一般。

此刻，是改變教養文化的時候了！

每位父母都必須鼓起勇氣，轉變想法及改變行為。秉持這樣的念頭，我開始以一般父母為對象授課。從某個角度來看，我教的內容真的十分簡易。只要瞭解育兒方面真正重要的事，然後確實落實，其餘的事就算稍微放水，孩子依舊也能順利長大。**忠於本質吧**——我想宣揚這個單純的真理。

事實上，教養書與教養資訊當今相當氾濫，然而，諸多資訊依然要求父母做更多的事；父母本來負擔就已經相當沉重，現在壓力又更大了。反之，我所主張的不是對孩子費盡更多心思，父母少操心才是正解。我想宣揚的是，扶養孩子不會成為父母的負擔，反而會讓父母感到無比快樂，而且孩子也會幸福萬分，長大後將成為幸福的年輕人。

令人遺憾的是，如此辛苦地扶養孩子，卻跟理想的教育完全扯不上關係。根據韓國育兒政策研究所公布的「二〇一九年育兒幸福國際比較研究」顯示，相較於歐洲國家，韓國教育品質排名墊底，而且整體來說，父母對韓國教育制度的信賴度也不高。過度競爭導致補習費飆漲、無法突顯子女專長以及無法適性發展，是令家長感到最不安的部分。

資料顯示，韓國的大學升學率過高也是有待改善的課題，韓國的私立教育文化正是起因於大學升學壓力過大。以瑞士作為參考對象，該國的大學升學率大約是百分之二十九。

根據聯合國人口司預測，韓國為全球出生率倒數第一（2022 List by the United Nations Population Fund），跟扶養負擔太重、升學考試競爭激烈也有密切關係。此外，多數人認同當前教養與教育的方向有諸多問題，同時也有人大聲疾呼應該加以矯正，並且有必要修改升學制度。

然而，為了我們的孩子，首先需要改變的是我們的想法。

上完我的課後，許多父母改變了他們的思考和行為，不僅開始尊重孩子的多元面貌，他們也會支持孩子，讓孩子找到自己的專長與優點，並加以發揮。因為父母有所轉變，孩子也跟著改變，不但表情逐漸開朗起來，同時也修復了親子之間的矛盾關係。看到孩子越來越幸福，父母們都對我說：「如果沒有認識您，後果實在不堪設想。」擔任醫師時，許多家庭找我看病；擔任講師時，許多父母接受我的建言。他們一點一滴改變自我，看著這些父母，我感到相當欣慰，覺得一切都值得了。

可是，面臨這種變化的父母也表明了他們的不安：「萬一日後課業跟不上怎麼辦？」

這全都要歸咎於身邊的人不斷煽風點火：「起碼要叫孩子讀到這個程度吧！」那麼，該如何解決這種同儕壓力所造成的不安呢？辦法是有的，那就是我們每個人都一起改變。只要每個人手牽手，一起搭上改革教養與教育文化的浪潮，那就行了。

所以，為了讓每位家長在聽完本質教養的資訊後，能共同參與新文化浪潮，我努力嘗試各種方法，而無數講座、YouTube 影片和這本書都是我努力的一環。

這本書中除了有改變各位家長想法的新觀點，同時收錄實用又簡單的具體教養法，任何人都做得到。孩子當前，我最重視的是父母。**孩子誕生後，不是「我的人生就此結束，孩子的人生就此開始」，而是要先審視自己，然後不斷學習與成長。再怎麼說，我的人生起碼還有五十到六十年之多！**透過這本書，父母不只能學習教養孩子的方法，同時也能學著認真過好自己的人生，如此一來，一家人便能和樂融融。

讀完這本書後，請好好落實教養的本質，其餘的事稍微放水也無妨，也別忘了推薦給身邊的其他家長。我們的孩子活在百歲時代，成年離開父母身邊後，少說也要再活八十年；**父母真正要教孩子的不是數學，而是價值；父母真正要在乎的不是孩子的身高，而是自尊心**，請將這些觀念傳達給孩子。即使現實是殘酷的，但是身為父母，仍要為了孩子改革教育的文化，並將更美好的未來留給下一代。只要每個人願意改變，那麼當抱持嶄新育兒觀的人們成為一種趨勢時，不僅教養文化會隨之改變，孩子會脫胎換骨，我們的未來也會有所轉變。

目次

[Part 02]

瞭解推動孩子的力量

[Part 03]
只要做到這件事，孩子就會順利長大

[Part 04]

孩子會吸收父母的心態

Part

01

像炊飯般養育孩子

在教養的漫長過程中，
你是否也感到無助、不安，
明明想好好養育孩子，甚至不惜放棄自己的人生，
卻像無頭蒼蠅般不知該將孩子帶往哪個方向？

父母該提出的第一道問題：我是誰

孩子當前，先關照自己

身為父母或是即將成為父母的各位，一定有過這樣的煩惱：

「我該成為怎樣的父母，又該如何養育自己的孩子？」

此處要銘記在心的是，出發點並非自己的孩子，而是「我」——父母關照自己才是首要之務。

「我是什麼樣的人？我是誰？」

為何要提出這樣的問題？這是因為「我是怎樣的父母」，是從「我是誰」這個問題所衍生而來的。此處尤為重要的是「我認為自己擁有多少價值」，簡而言之就是自尊心。

那麼，現在就來檢視自己的自尊心是否健康吧！假設數字1代表「非常不符合」，數字10代表「非常符合」，以此作為感受自尊心是否強烈的程度。1到10中，各位的自尊水平落在哪個位置呢？檢視自尊水平的題目選項如下，提供父母們參考。選項包含肯定句與否定句，請確認自己有幾項正面思考的項目。

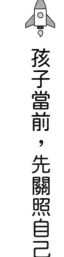

自尊水平量表

1 基本上，對於「我」這個人感到滿意。
2 偶爾會覺得我是毫無價值的人。
3 我具備不少優秀特質。
4 別人做得到的事，我也做得到。
5 我沒有值得自豪的事。
6 偶爾會覺得我是沒用的人。
7 認為我是有價值的人。
8 我希望贏得更多尊重。
9 整體來說，我覺得自己是個失敗者。
10 我對自己抱持著正面態度。

＊引用自 Rosenberg, M. (1979). Conceiving the Self. New York: Basic Books，判斷方式：第一、三、四、七及十題，數字越高，自尊程度越高；第二、五、六、八及九題，數字越低，自尊程度越高。

在東方社會中，想建立自尊心並非易事，因為從小被追問考第幾名、住在哪個社區、住在什麼樣的房子裡，再加上我們很容易去評價他人的外貌，因此假如不是傑出的少數人，難免會有些許落差，以致多數人是帶著自卑感長大。

自尊感會受損，主要源於比較。跟他人比較我們所擁有的各種資質，也會讓我們覺得比其他人差。這時候該達成這件事，這時候該從頂尖大學畢業，然後踏入職場、買房、結婚生子……因為我們所受的教育要求我們按時完成每件事，因此假如自己無法適時取得成就，就會失去自信。一旦自尊心變得脆弱，便會對關係造成影響，跟孩子之間的關係自然也會受到影響。

由於對自我的價值評價低，因此在說明現況或聽他人發言時，會解讀成別人看不起我或人們不喜歡我——這樣的人所抱持的根本想法，其實就是「我得不到愛」。

尤其有些媽媽產後為了育嬰留職停薪，只待在家裡，自尊心更是一落千丈。在這種角色轉換（Role Transition）急遽變化的瞬間，「我要藉由好好養育孩子來重拾我的自尊心」的壞念頭便有機可乘，導致「孩子與我是截然不同的個體」的觀念變得模糊，界線也變得不清不楚，產生「孩子就是我的附屬品」的認知。這時，父母可能會不自覺地將孩子當作是滿足自己心願的工具，親子的不幸就從這裡開始。

所以父母的自尊十分重要，首先請掌握自己的自尊程度；如果自尊感偏低，便要正視這個問題，並將「讓自己的自尊心更加健康」的目標放在第一順位。

我想過怎樣的人生

在瞭解自我方面，僅次於自尊心的，不能不提到的就是瞭解自己所追尋的價值。

「你的人生中，有哪些重要的價值？」

雖然是生活中不常聽到的問題，卻是踏入教養這塊領域前，務必要思考的重要問題。

此時，也會先萌生「到底何謂價值？」的疑問。字典上所解釋的價值一詞，指的是人類的欲求、關心的對象，或是真善美等目標這類事物，而經常被拿出來討論的價值，則有正直、真理、誠實、責任感、貢獻、關懷、同理心、成長等相關概念。

《原子習慣》（*Atomic Habits*）一書的作者、美國自我啟發權威專家詹姆斯・克利爾（James Clear）所提出的價值清單如左。這份價值清單中，將自己所追尋且認為重要的事物想作是一個圓圈，同時標記先後順序。舉例來說，生活中曾經指引我的價值，或是我認為不太重要的價值等，諸如此類。其中最重要的四～五項，即可稱作是自我所追尋的核心價值。

我所追尋的價值是什麼？

真實性、成就、冒險、權位、自律、均衡、優美、勇氣、同理心、挑戰精神、公民精神、團體精神、力量、貢獻、獨創性、好奇心、決斷力、公平性、信仰、名聲、友情、樂趣、成長、幸福、正直、幽默、影響力、內在和諧、正義、親和力、知識、領導能力、學習力、愛、忠誠度、有意義的事、開放性、正向力、和平、愉悅、平常心、人氣、認可、宗教、聲望、尊敬、責任、安逸、自尊心、志願服務、靈性、安定性、成功、地位、信賴、財富、智慧

價值如同燈塔，是作為標準的依據，在孩子人生中教導他們這樣的價值觀，則是為人父母的基本任務之一。不過，由於深藏在父母人生中的重要價值，會直接傳達給孩子，

因此必須先樹立自身的價值——父母必須先追求、具備想教育孩子的價值才行。舉例來說，如果覺得「我認為責任感真的很重要，信賴感也很重要，因此希望孩子成為值得信賴的人，妥善完成份內的工作」，父母就得將責任感與信賴感放在首要位置，並且力行於自己的人生中。當父母表現出自己忽略該價值的言行舉止，教導孩子時就會顯得自相矛盾，同時也將無法順利傳遞教育理念。

接下來，在自我探尋的過程中，需要認識自己的優點。

待在美國一段時間後回到韓國，經常被人挑毛病是我感受到最明顯的差異。穿成這樣成何體統、髮型是怎麼一回事、為何胖成這副德性、膚況怎麼那麼糟、外表看起來好老成……韓國人愛挑毛病，小從外表，大到其他層面。

或許正是因為如此，在東方社會裡，只要有人問「你有哪些缺點？」多數人都能侃侃而談，我身高矮、不會讀書、家境不優渥……相反地，如果問「你有哪些優勢？」大家立刻啞口無言。因為大家太瞭解自己的缺點，所以我就不多問了。想一想自己的強項與優點，然後寫在白紙上，不要只會說「我有這項缺點，所以我不夠好」，而是要懂得說「這是我特別優秀的部分，是我的優勢」。

「我沒有優點，也沒有任何擅長的事。」這樣的觀念其實並不正確。我們每個人都有優缺點，缺點說得出口，為什麼卻不知道自己有哪些優點？比起稱讚優點，父母、老師、社會往往只會指出我們的缺點，而我們也逐漸熟悉這樣的成長環境。連自己的優點都找不到，這樣的父母有辦法發掘子女的優點嗎？自己不曾聽過別人的讚美，要稱讚孩子更是困難。唯有父母認為「我是相當不錯的人」，才能灌輸孩子那樣的心態。

每個人都有優點，但我們只會將能一較高下的看作是優點，諸如學業成績優秀、擅長說英語、很會賺錢等，以至於我們往往覺得自己根本沒有優點。其實，有許多優點並不引人注目，這些優點可能是人際關係良好、有同理心、歌喉精湛、運動細胞好、熱心助人……等，說不定人類的優點跟全球人口數一樣多。如果依然不知道自己有哪些優點，也可詢問很瞭解自己的親友，問他們「我有哪些優點？我擅長什麼事？」。找到自己的優點後，也好好稱讚自己吧！如此一來，我們便會開始看見孩子不為人知的優點！

教養，是陪孩子一起成長

對自己有一定程度的認識後，現在是時候問最後一個問題了，這也是美國牧師、《標竿人生》（*The Purpose Driven Life*）一書作者華理克（Rick Warren）所提出的問題：

「我想用被賦予的能力做什麼事？」（What are you going to do, with what You've been given?）

這就是有關人生的問題，也就是說，我們必須思考自己的優缺點、自己所追求的價值、自己所經歷過的經驗（包括傷痛）等，還有該用自己所具備的能力做什麼事，以及該如何生活。先問自己這個問題後，再將子女培育成能夠回答這個問題的人。

養育孩子的過程中，許多人無暇關心自己，可是父母們起碼也有三、四十歲了，而往後的人生至少還有五十到六十年，眼見自己人生差不多已成定局，於是孩子呱呱墜地後，開始想拿子女的人生來一決勝負——然而這是要不得的事。若是這樣想，便容易產生「我要徹底傾注自己的全力，豐富孩子的人生」的想法，以致難以將孩子養育成獨立自主的大人。父母必須意識到，養育孩子的同時，自己也會一起成長。

「我想用被賦予的能力做什麼事？」

從今天起，請好好思索這個問題，並寫下自己的答案。蘇格拉底說：「未經反思自省的人生，是毫無價值的。」事實上，自我省察後卻不夠堅定的父母，要教導孩子正確價值觀、使之成為自主負責的大人，是十分困難的。因此，「放棄」自己的人生，將焦點放在孩子身上，這就跟搞錯教養的出發點沒有兩樣。

我曾看過一位三十歲出頭的已婚女性想在事業上有一番成就，可是懷有身孕後，她在事業和帶孩子兩件事之間舉棋不定：

「該為孩子辭掉工作嗎？上班的同時，我有辦法兼顧好養育孩子這件事嗎？對我來說，我的事業也很重要……」

這是職場媽媽們無可避免的煩惱，而且許多職場媽媽背負著一定程度的罪惡感，明明應該花更多時間陪伴在孩子身邊、給予關心，卻事與願違。

我想對那些媽媽們說：

「有幸福的媽媽，才會有幸福的孩子，媽媽想怎麼做就怎麼做。」

不清楚自己真正想法的人，我推薦各位看我的上一本著作《順從自己的心》（마음이 흐르는 대로，暫譯）。假如身為職場女性的自己在工作中獲得成就感時，心裡感到幸福，那就是對的路。假如覺得長時間待在孩子身邊比工作來得幸福，那就是對的路。

拿前面提到的準媽媽為例，喜歡自己的工作，也覺得工作很有意義，假設單純因責任感而辭掉工作，全心投入帶孩子，那麼帶孩子期間，變成沒有經濟來源的女性所感受到的委屈，以及「光是在家裡帶孩子，我的能力怎麼辦？是不是無法回到職場了？」所感受到的不安與怨懟，這些負面情緒只會不斷累積。照這樣下去，隨之而來的可能會是憂鬱感，甚至會對孩子暗自產生「我犧牲這麼多，而你連這種小事也做不到」的心態。

我常常說，**不論是職場媽媽還是全職媽媽，懷有「燃燒自己、豐富孩子人生」的想法是萬萬要不得的**。最理想的方向是，充實自己人生的同時，也好好帶孩子。為人父母有所犧牲是必然的事，可是完全放棄自己的人生，對孩子緊迫盯人，只知道規劃孩子的人生，這不僅不是孩子所希望的，同時也會阻礙孩子成為獨立自主的大人。

成為孩子眼中的幸福大人

想想看，在孩子眼中，我是幸福的媽媽、幸福的爸爸嗎？從孩子的視角來看，孩子會想「我長大後也要成為像媽媽一樣的大人」嗎？眼見父母沒有自己的人生，只知道戰戰兢兢地為子女而活，絕對不會有孩子說「我也想要成為那樣的父母」，反而更容易聽到孩子說「我不想成為像我爸媽一樣的父母」，尤其是在關係緊密的教養方式下所長大的子女，越容易產生這樣的心態：

「我不想活得像媽媽一樣，如果那是身為父母的職責，那我不想當父母。」

不久前跟美國朋友碰面，我告訴他們關於我在韓國講授教養課程的事。在韓國，教養課或教養書主要都是回答「該如何養出聰明又會讀書的孩子？」、「該怎麼做才能讓孩子考上明星大學？」這類問題；但我想談的內容與之相反，我認為那些不是父母的職責，我所教的教養本質是「父母要關愛孩子，並讓孩子看見生活所需的價值，然後教導他們」。

聽到我這麼一說，有位朋友問我：「但是學員對你的課程評價還好嗎？」

「嗯，評價相當不錯，其實父母們似乎都很想上這樣的課。」

「為什麼？」

聽著這些對話的另一個朋友說：「應該是現在的年輕父母們自己是被過去的教養方式所養大，如今成年了才明白，聽父母的話其實對自己的人生沒什麼太大的幫助吧？而自己也不想重蹈覆轍，變成那樣的父母吧？」

我正是這麼認為的。正值三十多歲的現代父母，就是親身經歷過父母為子女犧牲的那個世代，在關係緊密的教養方式下所長大的。這些年輕人幸福感偏低，是父母跟自己做出很大的犧牲才走到今天，因此這些子女更不想成為像自己父母一樣的父母。

我為人父母的模樣，會是孩子未來當父母時想要有的樣子嗎？什麼樣的狀態，才是理想父母應該有的樣子呢？其實很簡單，**只要讓孩子看到身為成年人的父母，過著獨立自主的人生；讓孩子看到自己開拓人生，並且為此感到幸福的模樣；讓孩子看到，他們想要成為的大人是什麼模樣——這樣就好了。**

希望大家別忘了，要讓孩子看到的絕對不是大人消磨自己、為孩子的人生犧牲奉獻的模樣。

PRACTICE NOTES

關注自己

父母要先認識自己，才能決定教養的方向。請想想看，我有哪些強項？我想成為怎樣的人？我想過什麼樣的生活？然後寫下來。

Q：我的自尊水平落在哪個位置？

參照 P.18，將每題以 1（非常不符合）～ 10（非常符合）的程度標記出來。

Q：我想成為怎樣的人？

Q：我想用被賦予的能力做什麼事？

一

教養的最終目的地

直到孩子自行啟航時

檢視完自己，是時候觀察孩子了。大家普遍認為育兒時間漫長，而教養這條路確實也是漫長的。踏上這條長途之旅時，該先做什麼事呢？首先，必須確切知道目的地在哪裡。走在教養這條長達數十年之久的道路上，如果不知道目的地在哪裡，就會發生「好像不是這裡」的窘況，那該有多冤枉、多荒謬呢？

那麼，教養的最終目的地是什麼呢？請問問自己這個問題：

「我想將孩子培育成什麼樣的大人？」

相信父母們一定曾想過這個問題。如果詢問他們，他們多半表示希望孩子可以當個幸福的人，再來是懂得自食其力的人、會賺錢的人、成就非凡的人等等，有各式各樣的盼望。雖然每位父母都可能對孩子有許多期望，但是考量到孩子的發展與成長，身為兒童心智科醫生的我必須說，這個問題是有正確解答的。

我們養兒育女的最終目標，就是讓孩子成為一位獨立自主的大人——一以蔽之，就是「獨立」。那麼該如何得到幸福呢？**幸福是孩子要自己去尋找的，讓孩子感到幸福不是父母的事。該如何賺錢呢？那也是孩子要自己去賺來的。該如何開拓自己的人生呢？**

那也是孩子自己必須完成的事。請務必謹記，讓孩子成為獨立自主的人，才是為人父母必須做的事。

人生常常被比喻為一趟海上旅程。我們的人生航程中，每個人宛如自己這艘船的船長，在茫茫大海上航行著。「我」這艘船的船長，既不是伴侶、父母，也不是我的孩子。生下孩子後，孩子會在我的這艘船上成長，並由我來餵養。然而，孩子無法一直住在我這艘船上，永久搭乘下去。再者，孩子長大後仍然持續依附在我的船邊，提供我物資也是不應該的。一旦成年，孩子就要自行啟航，並且成為自己那艘船的船長。

「我想跟孩子保有親密深厚的關係。」抱持這種想法、生下孩子，再將子女的船隻一艘艘繫在自己的船邊，會產生什麼結果呢？答案是船隻會彼此碰撞。孩子無法走自己想走的路，親子雙方因而徘徊不前。假如孩子一直緊跟著父母走過的路，無法自行啟航，往自己的航道前進，或是明明已經成年了，卻過於依賴無法獨立，那麼終將無法抵達教養的最終目的地。

雖然不願承認，卻必須說這是失敗的教養。

隨著孩子逐漸長大，父母也會因應發展階段而有許多該做的事，但是只要孩子成年後可獨立自主、自行啟航，父母的教養就算是成功了。因此，在教養這件事上，父母要做任何判斷時，都必須先對自己丟出「這麼做對孩子日後獨立是否有幫助」的問題。

孩子來自未來

那麼該如何培育孩子，他們才能搭乘自己的船、順利前進呢？身為父母的我們，目前正值認真過自己人生的年紀，同時要兼顧職場生活。那麼，孩子何年才會到我們這個年紀呢？如果二〇二三年的現在，父母正值三十多歲，二〇五〇～二〇六〇年代孩子就邁入三十歲了，開始成為社會上的中流砥柱。試想，二〇五〇年以後世界會有何改變？你是否能預測二〇五〇～二〇七〇年代孩子所面臨的產業結構、職業結構、決定人生品質的要素、主要社會問題等？將手放在胸前並閉上雙眼，試著在腦海中描繪那個時代。你對自己的預測能力有多少信心？是百分之七十、五十、三十還是十？

在未來，我們也許會跟機器人並肩而行，自動駕駛也可能成為常態。而我們的下一代則有可能活到二〇八〇年、二〇九〇年，甚至二一〇〇年……到時候，就算飛行車問世也不足為奇了。

試想，跟父母的童年相比，時隔二、三十年後的現在，世界改變了多少？

我的童年根本沒有所謂的手機和網路，在世界持續急遽變化的情況下，我們如果認為送孩子登船時的船隻、海況與現今別無兩樣，那是相當愚昧的想法。當代父母請務必牢牢記住，我們的下一代將會活在一個我們難以想像的異世界。

希望說到這裡大家都能明白，身為父母的自己是無法準確預測未來，並替孩子指引未來方向的。那麼誰才能挑起大樑呢？學校老師？補教名師？未來學專家？究竟是誰才能夠預測如此難以想像的未來，並且開拓出康莊大道向前進呢？

沒錯，能預測我們的下一代即將面臨的劇變世界，並且泰然適應一切，開拓康莊大道向前進的人，就是即將主導未來的孩子們！

不過遺憾的是，有許多父母毫無遠見，依然深陷在「孩子的未來跟我們的過往或現今別無兩樣」的錯覺中，並且如此說道：

「我是過來人，所以很清楚，醫師、律師、公務員才是最理想的職業。」

「假如可以重新回到你的年紀，媽媽一定會認真讀書，考上更好的學校。如果你也不想後悔，就要認真讀書。」

活在二〇二〇年代的父母，對著會活到二〇五〇～二〇九〇年代的孩子們說，如果可以回到一九八〇年代的話自己會如何生活，這番話有何意義？**父母真的有資格說自己比孩子更瞭解孩子的人生嗎？**面對創新技術，或是面對多媒體資訊服務機（KIOSK）或全新應用程式（Application）時，難道不會比孩子更不知所措嗎？

過去百年來歷經的變化，現在僅僅十年就達成，從這點來看，情況好比活在朝鮮時代的人來到現代後，建議現代人：「我以過來人的經驗告訴你，從達句伐*到漢陽最便利的辦法，就是騎一匹體型健壯、動作敏捷的馬去，千萬要聽我這個過來人的話，否則你會後悔的。」

我們的孩子是活在未來的人，所以孩子可能會有大人意想不到的「奇特」想法。就父母而言，這就像現代人對朝鮮時代的人說「我要搭高鐵去首爾」一樣，聽起來異常奇怪。對此，父母不能說「想這什麼莫名其妙的東西」。如果孩子有讓人無法理解的想法或行為，父母可以這樣思考：

「是啊，他是來自未來的孩子。」

＊韓國大邱的古稱。

孩子跟父母的想法不同，是理所當然的事。父母以自己活得久為由，認為自己是對的，卻忽略了一件事——我們曾經活在過去，而非活在未來。由於孩子比父母更瞭解未來，因此請父母摒棄自己比孩子懂得更多的思維。

有件事父母比孩子更瞭解，那就是生活本質的重要價值，建議父母教孩子自己目前所擁有的人生價值觀，將此傳給下一代。不過，未來要走哪條路、哪種職業最理想、該學些什麼，如果都由父母替孩子決定，未來很有可能會出現與期待大相逕庭的結果。

我將它稱為**「未來少年療法」**。孩子跟父母想法不同時，摒棄父母想法是對的、單方面觀察孩子的錯誤觀念，是此一療法的核心所在。父母必須跟孩子一同討論，雙方共同思考才對。

未來，是我們的下一代即將面對的世界；我們的下一代，是來自未來的孩子。父母千萬別忘了，那些來自未來的未來少年與少女，才是最瞭解他們人生的人。

我們的孩子將邁向世界

許多父母採用一九八〇、一九九〇或二〇〇〇年代自己讀書時的方式在教育孩子，如前所述，這是非常不明智的做法。也有一些父母明明知道自己的做法不恰當，卻無法停手罷休，原因就在於不安。別人家的孩子上的是各式各樣以升學導向為主的課外輔導課，如果只有我家孩子上的不一樣，好像就會落後他人，父母為此感到不安。別人家的孩子一天讀書讀十個小時，如果我家孩子一玩就是數小時，深怕孩子會因此變成「魯蛇」。父母們被恐懼所吞噬，於是如此說道：「在東方社會只能這樣養育孩子，根本沒辦法漠視升學導向為主的教育，現實就是如此。」

一定會有父母覺得長居美國的我不清楚亞洲的實際情形，只會說些自我感覺良好的話，但是我希望家長可以先撇除「東方社會」的說詞，重新思考看看。

處在東方，我們理所當然地接受亞洲當地所發生的現象，然而，我們的下一代並非如此——未來的孩子們將會居於世界之中。如果問：「你是哪裡人？」我們會回答：「我是大邱人」、「我是光州人」；但如果問孩子：「你是哪裡人？」孩子會說：「我是韓國人」、「我是義大利人」……這就是我們的下一代將要居住的世界。

事實上，由於美國有許多來自世界各地的人，因此每當有人問：「Where are you from?」多數人都是以國家名稱作為回應，而我也是回答：「I'm from Korea.」在我們的下一代未來即將要居住的全球化世界裡，「東方人會怎樣怎樣」這句話就如同「大邱人會怎樣怎樣」一樣，聽起來既片面又過於狹隘。我們的下一代將會是世界公民，身為父母的我們千萬別忽略了這一點啊！

投身於美國大學一段時間，我接觸到眾多韓國留學生，他們大部分都在韓國受過菁英教育，再到美國的頂尖大學修習碩博士班課程。拜在韓國受過高難度升學考試的訓練所賜，他們多半都有亮麗的學業成績，但是在美國成功就業的情形卻不多見。就算取得就業機會，躍升到領導者階層的情形卻少之又少。儘管有些人打算在韓國工作，但是更常看到的是，在世界舞台上持續追求成長，卻難以培養出必備才能的窘境。

我不會對自己的姪甥說：「要找這種工作、別找那種工作。」不過我會告訴他們：「不管你們從事什麼工作，我希望你們可以將世界當成一個大舞台。」不論是經營麵包店、服飾店，還是擔任會計師，我都鼓勵他們要抱持邁向世界的想法，如此一來，才會有更多機會，並且有更大的成長空間。

由於依照「亞洲方式」教育孩子的觀念將逐漸式微，因此父母必須從自身做起，跳脫思維的框架，放眼展望更寬廣的未來世界。雖然當前在亞洲只要會讀書、考上好大學，人生看似就完美了，但這也逐漸變成一種假象。假使為了迎合東方現況而將孩子養育成無法適應世界舞台的大人，孩子的人生圈終將受到侷限。

若是礙於不安而繼續維持現狀……

截至今日仍然有許多父母籠罩在不安之中，以目光狹隘的方式在教育孩子，並深陷於升學教育中，這些行為導致的後果為何？眾所皆知的是，相較於生活水準，韓國國民的幸福感非常低。根據聯合國設立的非營利組織聯合國永續發展方法網路（SDSN）於二〇二二年所發表的「全球幸福報告」（World Happiness Report），在全球一百五十多個調查國中，韓國的幸福感名次排在第五十九名*。

如果多數貧窮國家也包含在內的話，其數值又將下滑更多。在三十八個經濟合作暨發

*二〇二三年全球幸福報告排名：世界主要國家方面，澳洲第十二名、加拿大第十三名、美國第十五名、德國第十六名、英國第十九名、法國第二十一名、西班牙第三十二名、義大利第三十三名、日本第四十七名、南韓第五十七名、中國第六十四名、香港第八十二名，台灣則位居第二十七名。

展組織（簡稱OECD）的會員國當中，韓國排在第三十六名確實是墊底了。反之，在OECD國家中，韓國的自殺率卻高居首位，這個第一名可不是普通的第一名，數值足足超過平均值的二倍，是無人能敵的第一名。

根據韓國保健福祉部所做的調查，韓國二〇二〇年每十萬人口中有二十五．七人自殺，自殺率數值是OECD會員國（平均十一人）的二．五倍。令人震驚的是，韓國二〇二〇年的自殺率比同年美國的自殺率（每十萬人口中有十四人）與他殺率（每十萬人口中有七．五人）的數值總和（二十一．五）還要高。在槍擊事件蔓延、治安比韓國更令人感到不安的美國社會，二〇二〇年槍械相關事件所導致的死亡率（自殺除外）為每十萬人口有六．一人。住在韓國因自殺而喪命的機率，比在美國遭槍擊而死亡的機率要高出四倍以上之多，這是相當驚人的數字。韓國如此高的自殺率，其實也可說是韓國社會的汙名。

那出生率如何呢？維持人口穩定狀態的總生育率為二．一人，韓國的生育率是〇．八四，全球排名墊底（二〇二〇年）*，已可用人口懸崖、人口危機等用詞來描述社會現況。儘管韓國達成許多成就，但是幸福感、自殺率、出生率的數值倒也真是慘不忍睹。到底是哪裡出了問題呢？

活著時自己所感受到的情感與自己的行為，基本上會成為自我思維的基礎，其中最

核心信念	自我	他人	世界（未來）	情感	行為（結果）
A	我是很不錯的人，是值得受人愛戴的人。	人們大致上是值得信任的，善良的人居多。	世界是宜居之地，我的未來是璀璨光明的。	充滿希望、充滿期待、愉快、幸福的。	具挑戰性、互助、有所貢獻、懂得感謝的。
B	我是很糟糕的人，沒有人喜歡我。	世界上沒有人值得信賴，可能一不小心就會受騙。	世界是痛苦之地，我的未來是灰暗陰鬱的。	不安、憂鬱、委屈、傷心的。	故步自封、愛逃避、太在意自己的利益、充滿怨懟的。

根深柢固的思想與信念稱為「核心信念」（Core Beliefs），而此核心信念又包含三大類別，是關於自我、他人、世界（未來）的核心信念。

為了便於理解，以A、B兩人為例，敘述如上方表格。從表格中，我們可以看到A的生活滿意度及幸福感高，因此相對來說會更想要在這個美好世界生兒育女，幸福地拉拔孩子長大。相反地，B的生活滿意度及幸福感低，不安感或憂鬱感也比較高。此外，不僅討厭自己，也厭惡這個世界，因此相對來說不太可能會生育子女（以上只是為了便於理解，而呈現的極端案例）。

＊二〇二三年韓國生育率為〇・七八；台灣為〇・八七。

我深信，若是能夠將我們的下一代培育成核心信念健全的大人，就能改善對社會生存造成威脅的最低幸福感、最高自殺率、最低出生率等當前棘手問題的根源（後續會再進一步說明核心信念的相關內容）。

這是現實，還是父母的欲望？

父母百般疼愛孩子，養育孩子時，總是苦惱著孩子最需要什麼，所以常常說「這是為了你好」，並要求孩子讀書，不願放過他們。

這裡必須釐清的是，父母口中說的「這一切都是為了孩子好」，是不是將孩子跟自己混為一談了？雖然孩子目前待在我們身邊，但是他們很快就會去世界闖蕩。孩子明明不是「我」，可是只要孩子有什麼成就，那便成為「我」的驕傲。相反地，如果孩子一事無成，我出門在外就絕口不提孩子的事。父母會認為是孩子能讓自己走路有風，反之，也能使自己顏面掃地。

請父母捫心自問，這麼做究竟是真的為了孩子好嗎？唯有孩子表現好，父母才覺得自己比他人優秀，也就是說，父母之所以會這麼做，是不是想透過炫耀孩子，來彌補自己缺乏的自尊心？或者是因為父母自己感到不安，為了讓自己的心裡舒坦一些才這麼做呢？

請父母務必冷靜思考這個問題。事實上，有許多父母向我坦言：

「我是拿為了孩子好當藉口才這麼做的，可是後來發現這不過是我的貪念罷了。」

「會這麼做，只是想讓自己心裡好過一點。」

如果父母希望自己越來越好，就應該去找能讓自我感到充實的事，可以從事自我啟發的事，或是當志工、培養興趣。因孩子而感到走路有風，或因孩子而感到顏面掃地，都不是健康的親子關係，所以必須儘快打破這種親子關係的結構，避免讓孩子變成父母欲望的犧牲品。前面提到教養的最終目的是讓孩子獨立，因此請各位謹記，如果自己跟子女在精神層面、物理層面無法分開，而且雙方也無法保持適當距離的話，那就是失敗的教養。親子雙方必會嚐盡苦頭，終將抵達錯誤的目的地。

從現在起，我們必須改變，並相信我們會有所轉變。如今，不僅在經濟層面，亞洲在科學技術、文化產業等領域上也已經成為全球的領頭羊，現在已是BTS、BlackPink等K-pop團體、《夢想之地》、《寄生上流》、《魷魚遊戲》等電影與韓劇在西方流行的時代。

從這個觀點來看，如果東方社會的內在層面已達健全，相信日後將會成為世界一流的領導者。然而，假使我們採用錯誤的教養與教育方式，繼續栽培出核心信念不健全的年輕人，那麼未來的社會肯定令人堪憂。我認為，目前亞洲社會正站在興衰與成敗的交叉路口。

從現在起，你將認識何謂真正為了孩子好的教養法，以及如何培育出對未來有所貢獻的成年人的教養法。認識完這些教養法後，再鼓起勇氣，依循這些教養法來改變自己的行為。那麼，現在就來具體瞭解究竟該如何養育我們的孩子吧！

PRACTICE NOTES

關注孩子

我們的孩子來自未來，一起來瞭解他們的未來吧！

Q：孩子到我這個歲數時是哪一年？

Q：那時最炙手可熱的工作是什麼？

Q：那時可能會有哪些棘手的社會問題？

Q：我對自己的推測有多少信心？（請以 0% ～ 100% 作答）

Q：希望孩子成為怎樣的大人呢？

PRACTICE NOTES

核心信念如同自我觀察某現象、解釋某現象的放大鏡，現在就來檢視一下，自己的核心信念有多健全吧！

Q：你有什麼樣的核心信念呢？

針對自己：

針對他人：

針對世界：

針對未來：

Q：我的孩子的核心信念怎麼樣？

針對自己：

針對他人：

針對世界：

針對未來：

PRACTICE NOTES

「獨立」是養育孩子的最終目標，也就是培養能讓孩子生存下去的力量。請先想想看，你想將孩子培育成什麼樣的大人，再掌握孩子的優勢及興趣，協助孩子成為獨立自主的大人。

Q：想將孩子培育成什麼樣的大人？

Q：孩子有哪些優勢／優點？

Q：孩子有哪些興趣？

一
教養的基本原則：炊飯技巧

是否遵守基本原則？

許多父母問我，孩子出現某種情況或某種行為時，不知道該如何是好。舉例來說，父母們提到以下問題：「孩子又哭又鬧時該怎麼辦？」、「讓孩子看手機看多久才恰當？」、「到底要不要讓孩子上先修課程？」、「該送孩子去讀全美幼兒園嗎？」

每個孩子與眾不同，父母們各自也有不一樣的煩惱，一天下來，往往會面臨諸多狀況，有時提心吊膽，有時驚慌失措，若有誰能替他們解答，是父母最大的心願。有許多專家專門回答這些問題，雖然逐一回覆這些狀況也很重要，但是不論被問到什麼問題，我總會先反問父母：

「您有一直堅守基本原則嗎？」

如果父母回答：「有。」那我的回答是：**「父母在當下順著自己的心去應對就好，孩子不會因為這些事就變得特別難搞或特別聽話。」**相反地，如果父母回答：「什麼是基本原則？」或「呃……我不知道我有沒有做到。」那我的回答會是：「你問的問題不重要，應該先從基本原則好好做起。」也就是說，父母必須徹底實踐教養的基本原則。

既然如此，到底什麼是基本原則呢？我稱之為「炊飯技巧」。

我說的不是用電子鍋煮飯，而是用鍋具。煮飯時需要什麼？首先會需要用到白米，再來要量好水的比例，太多或太少都不行。接下來要控制火候，不能熄火。好！除了以上這些條件，還需要什麼嗎？不需要了。如果在這之中額外添加其他東西，就能煮出一鍋香噴噴的飯嗎？不，反而會壞了一鍋飯。

教養猶如炊飯。如果將孩子比喻作白米，想想看，能煮出一鍋美味白飯的水和火分別是什麼？有了孩子之後，我們身上有哪些行為是出於本能的呢？答案是關愛孩子，那是自然而然的表現。小嬰兒一誕生後，父母自然會出現什麼反應呢？答案就是呵護孩子。排除特殊情況，這是毫不費力就會產生的表現與反應。

愛與呵護就是水，不過當然也有需要留意的事項。萬一水太多，飯就會變成粥；如果過度呵護孩子，孩子就會被寵壞。白米有充分浸泡到水即可，意即父母必須注意，只要給予充分的愛即可，避免過度呵護孩子。

再來會需要火，而且火不能熄掉。光是給予關愛與呵護，孩子是不會長大成人的，而為人父母的力量便是由此而生。多數人認為「孩子要教才會成為得體的人」，但是**我所說的教育觀念強調的是教導（Teaching），而非學業方面的教育（Education）**。父母要集中火力教孩子的不是國、英、數等學科，而是生活層面的價值與心態。

米：孩子（潛力）
水：關愛與呵護
火：價值與心態

前面曾提到父母能傳承給孩子的是自己的價值。父母無法替孩子的人生做其他決定，卻能教孩子何謂價值，那是父母職責中相當重要的一環，如同炊飯時要適當控制火候、不能熄火一樣，父母也必須持續教導孩子價值的真諦。

除了價值，父母一定要傳授給孩子的還有面對生活的心態。雖然父母都希望子女的人生一帆風順，但是我們都心知肚明，沒有人的一生是風平浪靜的。父母需要灌輸給孩子的是心態，好讓孩子披荊斬棘，勇於面對曲折起伏的人生。孩子往往從父母身上習得面對生活的心態，因此父母必須先鞏固好自己的心態。

日常生活中，如果孩子出了什麼問題，在當下很有可能是相當棘手的難題。當孩子哭哭啼啼時，父母也會因為不知道該說些什麼而驚慌失措。其實，當我們面臨某種具體情況時，通常不會只有一個正解，只要處理的當下有遵循原則即可。

希望父母都能明白，面對日常生活中會發生的教養爭議，專家們也沒有十全十美的解決方法；而父母當下的應對技巧也鮮少對孩子的整體成長發展造成太大影響。因此，只要確切瞭解自己的原則，並擁有一套完善的炊飯技巧，其餘的事就輕鬆看待，無須太過擔心。

接下來就按照米、水、火的順序，仔細探究炊飯技巧的三大要素吧！

保有孩子的原汁原味

許多父母誤以為教養不像煮飯，而是跟包水餃一樣，認為只要盡最大的努力將絞肉切好，再放入青菜，包得越豐盛，水餃就會越飽滿。一心想著孩子內在空無一物，因此父母犧牲自己來填補一切，沒想到卻因此煮壞了一鍋飯。

水餃需要包內餡，但是白米不是空心的，而是飽滿的，它的本身是完整的，並帶有自己的風味。因此，煮美味的白米飯時，只要加水、蓋上鍋蓋再開火，就能煮出白米飯本身的天然風味。有人會在煮飯時，打開鍋蓋又翻又攪嗎？有人會因為飯不是自己想要的味道，而撒鹽巴、胡椒嗎？光是想像就讓人食欲不振。

如同煮飯時備好所需材料之後，還要再稍微燜一下一樣，教養孩子時也需要一些耐心等待。我們煮飯時之所以不開鍋蓋，是因為相信只要掌控好水量與火候，就能煮出美味好吃的白飯。然而，有些父母卻經常在煮飯時掀開鍋蓋、翻攪白米，甚至額外添加調味料，以便煮出心目中的美味白米飯。而他們之所以會這麼做，就是因為不相信白米本身會散發出美好滋味。

我是發展遲緩專科醫師，接觸過許多發育比正常速度緩慢的孩子，不過令人訝異的是，只要提供良好環境，並好好指導這些稍有缺陷的孩子，孩子就會發揮驚人的潛力。潛力是肉眼看不見的，看得見的稱不上是潛力。潛力深藏於孩子內在，會隨著孩子日漸成長而慢慢發揮出來。不過，就算自己的肉眼看不見，也要相信每個孩子都擁有超乎想像的巨大潛能。

即便如此，仍然有父母說：「我家孩子好像沒什麼能力。」可是，每個孩子的那一粒米當中，必然暗藏潛力。**孩子的潛能就像被摺疊得整整齊齊的屏風一樣，若要完全延展開來將毫無止境**——說不定父母對孩子的信任有多少，孩子就擁有多少潛力。然而，父母非但沒有想方設法挖掘出孩子所擁有的潛力，反而斬釘截鐵地認為自己的孩子沒有「派得上用場的能力」，自以為是地試圖加料一番。站在白米的立場想一想，這是多麼不舒服的一件事啊！硬是要加油、添醋的父母會幸福嗎？不會的，沒有人會感到幸福。

父母會這麼做是基於責任感與目的性，所以不論是孩子還是父母，都會將這令人感到難受的狀況，看作是為了美好結局所做的犧牲，繼續硬撐下去。看著自己的父母、兄弟姐妹、朋友與同事們含辛茹苦地教育孩子，再看看一點也不幸福的孩子們，年輕父母們當然不會想要生育。

我們必須牢記在心，父母的職責是協助孩子發揮他們所擁有的潛力，而不是灌輸孩子其他東西。家長只要能明白這一點，並且換個角度看待教養這件事，不僅心態上會更加輕鬆，同時也能減輕育兒的負擔。這麼一來，不只父母越來越幸福，孩子也會感到更加幸福。

協助孩子發揮潛力

孩子渴望發揮自己的潛力，但是孩子知道該如何發揮嗎？他們會透過表達自己關注的事與感興趣的事來進行：「媽媽，這是什麼？」、「這個怎麼會這樣？」、「我要這個。」、「我喜歡這個。」、「我不要這個。」……孩子開始展現自己內在的那一面，即使說話無厘頭，父母也不能表現出「你在說什麼莫名其妙的話」的反應。

「媽媽，我想挖土。」

「這樣啊？你想挖土是嗎？對土感到好奇嗎？」

當下的重點不是挖土，重要的是孩子吐露的內容，展開了自己內在的其中一面潛能屏風。孩子自然吐露出自己所擁有的另一面，但父母卻不以為然地說：「土什麼土，衣服會弄髒，真是沒用。」孩子說：「媽媽，我喜歡青蛙。」媽媽卻說：「青蛙？什麼青蛙，還不乖乖坐好再多寫一題。」孩子總是透露出某些訊息，但父母卻一再駁回，要孩子閉上嘴巴。

就這樣度過好幾個月、好幾個年頭，孩子忘記再向父母透露訊息，自己究竟喜歡什麼、對什麼感興趣，一概「不知道」，這是相當常見的現象。我是醫師，身邊也有許多朋友擔任醫師或教授。從某個角度來看，說不定許多功成名就的人聽從父母的指示、闖出一片天，但往往事後才「認清事實」：

「要我再做這份工作二、三十年？這似乎不是我真心喜歡、真正想走的那條路，我真的不知道自己究竟喜歡什麼，我為何會在這裡？我不知道該何去何從了。」

這類的事情經常發生，雖然聽父母的話走到這一步，但許多成年人根本不曾展開過屬於自己的那面屏風。每當我提起這個話題，就會有父母問我：「那麼，難道要讓孩子去做他所說的每件事嗎？」

我的意思不是要父母完全聽從孩子的要求，讓孩子去做任何他想做的事，而是要父母去傾聽孩子的心聲。假如孩子拿出一張潛力卡，父母要表現出「哇！原來你手中握有這張卡」的態度，讓孩子知道父母關心他，並且願意聽他說。那麼孩子就會繼續拿出第二張卡、第三張卡。

我的意思也不是要父母去買孩子感興趣的物品，可以對孩子說：「哦～你對它感到好奇嗎？那我們再進一步瞭解好嗎？要不要上網搜尋看看？或是去圖書館找資料？」站在孩子的立場來看，孩子會認為我明明只是拿出一張卡，沒想到父母會如此開心，並且感到好奇。如果父母能接納孩子的想法，將它視為有價值的事，便能不斷促使孩子發揮潛力。相反地，如果對孩子說：「別胡思亂想了，聽媽媽的話。」將會導致孩子連一張潛藏於內在的潛力卡都拿不出來。

孩子表達自己的想法，媽媽又願意聆聽，這本身是件歡欣的事。即使媽媽沒說「你是重要的人」，孩子也能感受到**「原來媽媽很重視我的想法」**。對人類而言，那是除了關愛以外，備受尊重、肯定的一種情感表現。父母秉持這種態度根本不用花上半毛錢——並不是只有需要花大錢的事，才能讓孩子發揮潛力。

前面我曾說過，若想瞭解自己，就必須知道自己的存在價值與強項。由於孩子正處於成長階段，因此自己的存在價值與強項是透過表達興趣與關心的事物來培養的。

有些父母會這麼說：「孩子喜歡沒用處的東西。」然而，孩子就是孩子，這是理所當然的事，一點也不要緊。假如子女因為喜歡而表態要養蜥蜴，父母應表達關心，「哦～你想養蜥蜴呀？」並傾聽孩子的想法。

縱使因故無法飼養，只要跟孩子一起探索、解開疑惑即可。如果有人問：「萬一孩子迷上蜥蜴後都不讀書了，那該怎麼辦？」理論上，孩子感興趣的事物會隨著發展階段而改變，在幼年期表達出自己的訊息、受到尊重的人，會持續發揮潛力，並且讓感興趣的事物繼續向外延伸。維持興趣也是好事，如果孩子從小喜歡蜥蜴，未來也許可以成為世界級的蜥蜴專家。

孩子也有缺點和弱點，父母往往覺得弱點會導致孩子讀起書來太吃力，因此過於聚焦在孩子的這一部分。然而，**應該聚焦的反而是強項與優點**。在未來的社會上，相較於每件事都很擅長的人，特別擅長某件事（即使在一般人眼裡那件事可能有些奇怪）的人，反倒具有更大的價值。因此，比起試圖讓孩子不擅長的事都保持在平均水準上，更明智的方法是，讓孩子擅長的事變得更加突出亮眼。請父母仔細觀察孩子。

「我不太清楚孩子有哪些優點，他似乎沒什麼優點，但不拿手的事倒是挺多的。」如果身為父母的你是這樣想的，請寫下孩子的興趣與關注的事，再怎麼反常且微不足道的事也沒關係，請你仔細觀察。孩子喜歡看漫畫，該放任孩子整天一直看漫畫嗎？有些父母會擔心孩子迷上某件事，但是關注的事極有可能變成孩子學習與成長上的新面向。

PRACTICE NOTES

發掘孩子的潛力

孩子都渴望發揮自己的潛力。為了發掘孩子的潛力，請回答以下問題。

Q：孩子對什麼事物感興趣呢？

Q：對於孩子感興趣的事物我該如何回應？請寫下來。接著請跟孩子對話，聽聽孩子怎麼說。

米：如何發掘孩子的才能

多元智能的世界

父母多半會擔心孩子的缺點、問題和不足之處，並為此尋找專家，也有父母會說自己不知道孩子有哪些優點或興趣。每當有這樣的父母找上門，為了分析孩子的強項與弱點，我總會檢查孩子的發展情形。不過，針對孩子的發展，父母必須留意一件事，大家經常說「頭腦聰明、頭腦不好」、「ＩＱ高、ＩＱ低」，但事實上，ＩＱ高不高跟才華洋溢是兩回事，因為每個孩子的天賦都不盡相同。

進行ＩＱ測驗時，也會測試各種多元領域，最後再統整結果。人類的存在可不是件簡單的事，因此不能單憑ＩＱ分數來鑑別孩子是九十分還是一百二十分，而且用單一分數來判定某個人是否出類拔萃，根本是天方夜譚。

基於這樣的觀念，哈佛大學心理教授霍華德．加德納（Howard Gardner）提出多元智能（Multi IQ）理論，並主張人類擁有八種多元智能。

- 語言智能
- 邏輯數學智能
- 空間智能
- 肢體動覺智能
- 音樂智能
- 內省智能
- 人際智能
- 自然觀察智能

其中，我們有高估語言智能與邏輯數學智能的傾向。語言智能與邏輯數學智能越高，在考試時文章題型的解題能力方面，相對來說會有較好的表現。而空間感知能力、肢體動覺智能或音樂智能等面向，則難以依照特定標準進行評估。尤其是自我洞察力、人際關係所需的智能等，更難以客觀判定。

內省智能佳的人是懂得自我反省的人。有些人即使特地去學習該如何審視自我，仍然難以覺察；有些人雖然沒有特地去學，卻能心領神會。這也是一種本領，而且可視之為高智商。

有些人在人際關係上表現卓越，是善於讀懂他人心思、同理心強的人。仔細觀察一群孩子的話，會發現有些孩子雖然學業表現不甚亮眼，跟朋友卻相處得相當融洽，這表示這樣的孩子在人際智能上有優越表現。

自然觀察智能佳的人是喜愛大自然，而且在大自然中能獲得安定感的人。他們善於理解動物，並且擅長跟動物交流。如果家裡有經常前往山林中採集昆蟲，而且一心只想養動物的孩子，多數父母會為此感到頭疼。然而，自然觀察智能偏高的孩子未來很有可能成為獸醫、動物訓練師、生物學家、植物學家、自然與動植物相關作家、內容創作者等相關領域的優秀人才。孩子所處的未來勢必會有許多當今沒有的新興職業應運而生，即使沒有根據這樣的才能找到相關工作，才能也可能變成興趣，進而豐富孩子的人生。

孩子的天賦如此多元，若是我們只著重在對正規教育學習環境最有幫助的語言智能、邏輯數學智能上，有可能跟孩子身上無限的可能性擦身而過。而且對父母來說，自己的孩子可能也因此看起來沒有天賦。人類的多樣性（Diversity）是我經常強調的一點，而人活著之所以會感到心靈困頓，有絕大部分的原因是來自於人們不認同、不尊重多樣性的社會氛圍所造成的。只要父母開始接納孩子的多樣性，並給予尊重，孩子的優點與潛力將會更顯而易見，父母也會更理解孩子，進而打開面向孩子的心靈之窗。

想要分析孩子智能，可上網進行多元智能測驗。雖然沒有普遍使用於臨床實驗上，不過在瞭解孩子這方面，會是個理想的方法，尤其是認為「我家孩子沒有長處」的父母，可由此看出孩子哪方面的智能特別突出，分析中也會舉例說明符合該智能的人適合哪種職業——只不過這個測驗僅參照當今現有的職業。

即使家裡有三個小孩，測驗結果也會截然不同，因此請父母謹記多樣性的觀念：「每個人都不一樣」。

你是否也會叫魚學爬樹？

現行教育體制多半不顧及孩子的多元天賦，而是提倡公平性，要孩子學習千篇一律的知識觀念，並用統一的標準衡量孩子。說好聽是為了公平性，卻衍生出「用爬樹技巧替每隻動物打分數」的情形，換言之，就是以爬樹能力評價一條魚。這樣的話，那條魚會有什麼下場？答案是「一輩子都會認為自己是一個笨蛋」。魚要的明明是水，如果要求孩子「大家都會爬樹，你當然也要會爬樹」，孩子會有多痛苦呢？

更大的癥結點在於連孩子都不瞭解自己，以至於根本無法努力找尋自我。假如孩子說：「媽，我明明是游泳健將，你為什麼要我去爬樹？」那還算萬幸，但現實並非如此。由於從小被要求只能一直觀望某處，導致孩子根本沒想過還有別條出路，事後再為了這件事感到自責，覺得「我是笨蛋吧？別人都做得到，只有我這麼沒用」，還有比這更委屈的事嗎？

每個孩子都有自己的優點、缺點與嗜好，這些是與生俱來的，希望父母別企圖推翻一切，犯下不該犯的錯誤行為。父母要做的，是盡可能協助孩子發揮他們內在的潛力。將身為游泳健將的孩子放入水中，就像如魚得水般，孩子才能盡情游向世界，千萬別讓孩子在樹下掙扎得喘不過氣。

父母本身很有可能受過這樣的教育。基本上，到目前為止那些好好把該讀的書讀好的孩子，儘管所學的與自己的天賦毫不相干，在社會上仍然擁有高階層地位。然而，全球趨勢正快速變化著，學歷的重要性急遽下降，也許大家現在已經感受到了，但是等到孩子成年時，其格局必定會有更大的差異。因此，若是催促孩子去做大家都在做的事，孩子只會越來越痛苦，而且未來也不會變得更有競爭力。

在這樣的情況下，有父母提出這樣的煩惱：「別人家的孩子都在爬樹，如果只有我家小孩杵在樹下，我會感到非常不安。當別人家的小孩早已飛黃騰達時，我家小孩卻無法自食其力，那該怎麼辦？」

有句話說：「只有死魚才會隨波逐流。」（Only dead fish go with the flow.）如果不懂得思考，就會像死魚一樣順著水流漂流而下，過著別人去哪我就跟到哪的生活。但萬一流水的盡頭是懸崖峭壁的話，該怎麼辦？尤其是產業與經濟結構劇變的當今社會，比起繼續順著過去的水勢而行，我們必須做的是獨立思考，再踏上自己該走的那條路。父母不僅要力行這樣的生活，也要這樣養育自己的孩子。

讓孩子體驗各種事物

有些人會這麼說：「**如果想幫孩子找到他擅長的事，是不是應該送去補習班才對？**」

然而，並不是一定要將孩子送去補習班或是上家教課才能找到他的興趣。光是孩子看個電視，我們便能從中窺見孩子對特定事物感興趣。如果想替孩子找出他感興趣的事，首先要讓孩子多方體驗各項事物。假如孩子喜歡音樂，可以帶他去音樂劇場；假如孩子喜歡繪畫或手作活動，可以帶孩子去美術館；假如孩子喜歡運動，可以帶孩子去看體育競賽。

可別以為只有送孩子去補習才算是探索、是體驗。其實我曾經看過這樣的案例，父母希望讓孩子嘗試諸多體驗，於是教孩子十八般武藝，鋼琴、小提琴、跆拳道、游泳⋯⋯孩子每一項都跟著學，但從某一刻起開始碰壁，心理因此出了問題，父母最後不得不求助諮詢師。

所謂的經驗，不是指特地去仿效他人做什麼事。舉例來說，如果問一流的芭蕾舞者跳芭蕾的動機是什麼，多半會聽到「八歲第一次看芭蕾舞時深受感動」的回答，而非「小時候去上芭蕾課，當時的我跳得很好」；看完某部電影後因深受感動而成為電影導演的人，又何其之多？如果孩子無法嘗試各種體驗，只知道關在房間裡埋首苦讀，那怎麼行呢？請敞開大門，讓豐富靈感得以湧現。

送孩子去補習不全然都是壞事，也就是說，父母送孩子去各種補習班不見得是為了要挖掘孩子的潛力。以雙薪家庭為例，有可能是因為不方便看顧孩子而不得不如此選擇。若是這樣的情況，相較於以學業為重的補習班，我會建議父母考慮才藝、體能或可以玩樂的場所，亦即，請先尊重孩子的興趣，再來決定孩子要在哪裡消磨時光。

有培養興趣與嗜好的孩子，日後讀書讀累時，將可避免休息時間只顧著打電玩的事情發生，也有更多機會與其他孩子一同交流玩樂。無論是運動還是音樂，只要能跟孩子們一起共度愉快時光就好。

如前所述，針對父母無法跟孩子共度許多時光、只能送孩子去補習班一事，希望父母也別為此感到自責。成長中的孩子有幸福的父母陪伴，就能成為幸福的人。每個孩子都是不同個體，每位父母也是。只要父母幸福地做好自己的事，同時好好遵循書裡學到的基本教養原則，孩子就能平安快樂地長大。若是連父母都不在乎自己的幸福在哪裡，將難以養出幸福的孩子。

不當教練，而是成為好幫手

近來聽到這則故事。有位媽媽積極參與孩子的教育，不但認真地叫孩子讀書，也送孩子去上許多補習班。孩子看似乖巧地遵從媽媽，沒想到後來卻有了大逆轉——升上國中後，孩子突然變得非常叛逆。陷入苦惱的媽媽在聽完我的演講後，決定要調整自己的心態：「原來我不能一直催促孩子，我應該要當孩子的好幫手，而不是教練。」

媽媽改變後，孩子也跟著改變了。原本鬱鬱寡歡的孩子變得開朗起來。以前這位媽媽什麼事都要使喚孩子，現在則將重心放在尋找孩子的強項上。做任何事情時，會先詢問孩子是否感到幸福，也會尊重孩子的多樣性，聆聽孩子的意見。懂得傾聽孩子的心聲後，發現孩子熱愛大自然，不但喜歡動物，甚至還提過想在後院挖個池塘養鴨子。更驚人的是，孩子真的畫了一張設計圖，耗費數日親手挖了一個池塘。原本抑鬱的孩子只會聽從父母的指示做事，大部分時間也只待在房間裡，但現在明顯變得十分開朗。

那位媽媽深切領悟後，這才放下心中的大石頭。如果她問孩子「後院那麼小，挖什麼池塘」、「養鴨子要做什麼」，會怎麼樣呢？孩子很有可能就要勉強自己遵照他人的標準、聽從他人的指示，繼續過著憂鬱的人生。可是，當孩子找到自己真正想做的事情時，就好比枯萎的花朵獲得水分一樣，父母可以親眼見識到花朵綻放的模樣。

如果孩子關注的事不受父母喜愛，最後往往會落得被視而不見的下場。然而，父母若能好好尊重孩子關注的事和興趣、傾聽孩子的心聲，將能開啟無限可能性。孩子不但可以學習動物知識，也能學習生物學，讓興趣延伸至學問上。

在成年後的未來裡，孩子從事自己熱愛的工作，同時也能好好生活，通往幸福的管道越來越多元。縱使最後沒有把興趣當飯吃，也可能變成為自己增添幸福感的嗜好。更重要的是，這個孩子經歷過父母傾聽自己想法、尊重自己意見的過程——只要父母願意尊重孩子的多樣性，孩子就會知道自己存在的價值，進而邁向通往幸福的道路。

請父母嚥下一擁而上的恐懼，拿出勇氣來。比起跟隨數十年來朝同一方向流動的既有浪潮，不如保有孩子的獨到天賦，將孩子培育成對未來有所準備的人才。「每個人所擁有的多樣性都有它的價值」，如果不教孩子這樣的觀念，只是一味地告訴孩子「唯有從頂尖大學畢業後到大企業上班才是有價值的事」，那些做不到的人將為此感到自卑不安。葬送多樣性的墳墓是自卑感滋生的場所，而自卑感又跟低自尊相互牽連。

若孩子在成年後成為社會上排名前百分之一的人，可能會懷有優越感或傲慢的心態，而這樣的心態往往容易忘記要尊重他人。韓國社會的「甲方行徑」文化之所以會紅遍世界，或許就是起源於此也說不定。「我出類拔萃才有今天的地位，你沒出息才落得那樣的下場」，這是將人分為上下關係的想法。連如此成功且排名前百分之一的人，都是遵照他人指示度日，而不是選擇自己想走的那條路，他們對人生的滿意度與幸福感下滑乃是屢見不鮮的事。

希望父母別掉入陷阱裡，變成拚命訓練孩子走上父母理想方向的教練，而是要成為尊重孩子、協助孩子找到人生方向的好幫手；唯有如此，才能養出擁有健全自尊心並懂得為自己尋找出路的孩子。

PRACTICE NOTES

理解孩子

父母對自己瞭若指掌後，接下來要瞭解孩子有哪些強項與優點，以及孩子有哪方面的天賦，最後再想想看有哪些相關的職業。

Q：孩子有哪些強項與優點？

Q：孩子多元智能測驗的結果如何？

第 1 順位：

第 2 順位：

第 3 順位：

Q：有哪些職業跟孩子的多元智能面向有關？（這一題是為了讓父母知道多元就業的可能性）

第 1 順位：

第 2 順位：

第 3 順位：

水：父母的話語能培養孩子的自尊心

無條件的愛，與絕對存在價值的教導

炊飯技巧中的水，指的是愛與呵護。身為父母，對孩子的愛與呵護是出自本能，不需要學習的。然而，錯誤的關愛與呵護方式在父母們之間流傳的情況，也不在少數，因此父母們有必要學習正確關愛與呵護孩子的方法。只要確實做到這一點，即使沒有特別為孩子做其他事，孩子也會明白什麼是愛，並且建立「自己是值得被愛的人」的健全核心信念。

首先，父母必須向孩子表達「無條件的愛」。然而，表達出「有附加條件的愛」的父母卻出乎意料地多。當你在對孩子傳達關愛的訊息時，請留意訊息中是否帶有條件。不過請別誤會了，此話不是要父母只能無條件傳達正向訊息，絕對不要管教孩子；管教在父母的角色中，當然也是重要的一部分。同時，父母也必須告訴孩子，他們具有「絕對的存在價值」。絕對存在價值的相反詞，是相對存在價值，也就是與他人比較的存在價值。

父母必須先知道的是，不是我家孩子跟隔壁小孩比較後才有存在價值，而是**孩子本身就具有價值**。現在一起來瞭解父母經常提到的教導，可能有些話各位父母也從小聽到大，想一想，自己經常說哪些話呢？

「書要讀得好，才不會被人瞧不起。像你這樣的話，長大後一定會被瞧不起。」

這句話跟直接教導孩子相對存在價值一樣，是很沉重的表達話語。從出生的那一刻起，人類就具有必須受到尊重的絕對存在價值，可是「唯有書讀得好才能被視作有價值之人、受到尊重，如果不會讀書就無法受人尊重」，這豈不是錯得離譜的教導嗎？再說，讀書也有可能付出努力後卻依然讀不來，孩子便會產生自卑感、愧疚感，並且感到自責。相反地，假設孩子很認真讀書，成績也很出色，那麼「可以瞧不起不會讀書的人」的觀念，將在不知不覺中扎根於他的內心。因此，這樣的話語通常帶有相當危險的意涵——「人類原本就有階級之分」、「上位者可無視下位者」、「你會被瞧不起全都要怪你自己」。韓國經常發生校園暴力問題，這些孩子在成長過程中接收到的，不是絕對存在價值的教導，而是不知不覺中接收了「可以瞧不起比自己差勁的弱者」的教導，這樣的他們有辦法彼此尊重嗎？此外，加害學生也有可能被他人輕視、惡言相向或施加暴力。身為父母，務必要教導子女「人類具有絕對存在價值」的觀念！

「別人家的小孩都乖乖聽媽媽的話，一回家就馬上寫功課，你卻一點都不聽話，媽媽真的受不了你。」

這句話傳達出「如果你乖乖聽話，然後火速寫作業，我就會愛你；如果你不那麼做，我就不愛你」的條件式教訓。

「要是你那麼不想聽我的話，乾脆搬出去自己住。」

尤其是在更要求自律的青少年時期，父母會經常提到這句話，而這也否定了無條件的愛，甚至進一步帶有「我可能會拋棄你」的意思，會對孩子造成嚴重傷害。那以下這些話怎麼樣呢？

「你胖成這樣不覺得丟臉嗎？我會這麼說都是為你好，拜託你減減肥吧！」

「個子這麼矮怎麼辦？這樣找得到工作嗎？找得到結婚對象嗎？晚上早點睡，睡覺才會長高！」

體重、身高乃至外表都是父母經常會拿來對孩子耳提面命的話，若是聽到這些話，會動搖「我的存在本身就具有價值」的概念，並傳達相對存在價值的教導——「外貌出眾才有價值，長得抱歉毫無價值」。

孩子的成長階段如果一直聽到這些話，不但會因為以這種標準衡量自我價值，讓自己感到痛苦，同時也容易帶來以相同標準評斷他人價值的弊病。或許就是因為有這種陋習，才會衍生出外貌至上主義的特殊文化。

愛與肯定的訊息：二十秒擁抱技巧

要傳達無條件的愛與絕對存在價值，有一個相當簡單的方法，那就是二十秒擁抱技巧。請擁抱孩子二十秒。大多數的孩子喜歡擁抱，而且會感到無比幸福。如果孩子對擁抱感到不自在，不建議勉強孩子，父母可以用摸摸頭或輕拍肩膀、背等動作取代。

維持二十秒親密擁抱動作的同時，請放鬆身體，並向孩子傳達兩個訊息。一是告訴孩子「我愛你」。不用附帶任何條件，只要說「無論發生什麼事，我會始終如一地愛著你」。如果可以再補充存在價值會更好，「你的存在本身像鑽石、像星星一樣寶貴」，表達方式可以參考以下：

「像鑽石一樣的女兒、像星星一樣的兒子，我真的很愛你。」

二是肯定的訊息。所謂的肯定意指，不管是情感方面還是身體方面，「我知道你堅守著自己的崗位」，比肯定再更深入一層的話就變成「感謝」。我們不是會向送貨員或餐廳服務員表達感謝之意嗎？意思就是肯定他們的努力。

我們經常對孩子說「我愛你」，卻幾乎不曾說過「謝謝你的努力」。也許在我們眼中孩子看起來像在耍任性，但站在他們的立場，孩子正在盡自己的努力，而且相當盡力。許多父母不對跑腿的孩子表達謝意，其實可以簡單說一聲「做得好」，不過說「謝謝你的幫忙」也十分重要。下面是肯定孩子辛苦付出的表達語句。

「弟弟一直打擾你，不過還是很謝謝你今天有跟弟弟好好相處。」

「你今天本來不想上學，但是你還是乖乖去上課了，真的很了不起，謝謝你。」

肯定孩子的努力與辛苦，並向孩子表達謝意，沒有什麼話比這些更能讓孩子感到心滿意足了。

有時親子間也會起衝突，孩子當然有犯錯的時候，這時就必須加以管教。然而不管怎麼樣，一天的開始與一天的結束之際，希望父母都能向孩子表達無條件的愛。即使孩子表現差強人意，也請在孩子就寢前對他說：「你盡了一番努力，想必一定不簡單，謝謝你。」即使兩個孩子吵架了，也請在睡前告訴孩子：「雖然你們兩個有時會吵架，但是依舊能好好相處，謝謝你們。」再者，就算孩子哭哭啼啼地從補習班返家，也請對他說：「你今天原本想休息，不過還是很謝謝你盡了自己應盡的責任。」

就身為大人的父母來看，雖然孩子犯錯了、耍賴了，但是在孩子發展過程中，他們已經費盡自己的心力，只是目前能力有限罷了。因此，建議父母對孩子說：「今天確實遇到了困難，不過你也盡心盡力了，謝謝你，我們會一點一滴成長的。」如果真的想不到要說什麼，也不用為了要捏造一句話而感到有壓力，只要說聲「謝謝你來當媽媽（爸爸）的寶貝」、「謝謝你健康平安地度過今天」就足夠了。

稱讚孩子時，請留意這一點，**應稱讚過程，而非稱讚結果。**假設孩子考試考了一百分，別說「謝謝你考了一百分」，而是要說「你相當努力呢，真的很謝謝你這麼努力」。如果是針對考了一百分這件事表達謝意，日後沒有考到一百分的話，孩子會覺得自己做錯事，或是認為自己是因為考滿分才受到肯定。

最重要的，當然還是對孩子表達他的絕對存在價值。

「很謝謝〇〇來當媽媽的女兒。」

「謝謝〇〇像彗星一樣來到我的身邊。」

如果能像這樣對孩子的誕生與存在本身表達感謝，孩子的心靈將會因父母的愛與肯定而感到富足。直到孩子長大成人，這些感謝之意會成為深深刻印在孩子內心深處的溫暖訊息。

我懷著懇切的心歷經數年治療不孕症，卻得不到懷上寶寶的祝福，因此孩子來到父母身邊無疑是莫大的福氣，也是值得感謝的事。

請記住二十秒擁抱技巧和「我愛你」、「謝謝你」。而二十秒擁抱技巧也適用於另一半，我先生特別喜歡「謝謝你為了我們而努力工作」這句話，由於人際關係中，愛與肯定是人們在情感方面最渴望獲得的需求與欲望，因此站在成年人的立場，每個人都喜歡聽到這句話。正因為如此，身為父母一定要向孩子灌輸愛與肯定。雖然一開始會感到彆扭，但是會習以為常的。假如孩子年紀稍長後對擁抱有所顧慮的話，摸一摸或拍一拍孩子的肩膀或背部等部位也無妨，傳文字訊息或寫紙條也是相當不錯的方法。聽這些話長大的孩子不但有堅強的自尊心，內心也會產生不易動搖的力量，親子之間的依附關係也會更加緊密。

我建議父母早晚執行二十秒擁抱技巧。就算家裡有三個小孩，全部抱完也只要一分鐘。這個既不費時又不花錢的儀式，對孩子的情緒、發展及自尊感有極大幫助，其效果堪稱是成本效益最高的技巧，因此希望父母都能將這樣的儀式當作家人之間的例行常規。只要好好實踐這件事，就代表炊飯技巧中的水，也就是愛與呵護有確實落實的意思，至於其他的小問題則不用太擔心。即使孩子在家庭以外的場所聽到遭人輕蔑的話語，或是遭遇不受尊重的事，縱使會暫時感到傷心難過，孩子也不會忘記自己的絕對存在價值。

跟孩子產生共鳴的附和技巧

日常生活中，可以如何肯定孩子呢？父母可以在溝通交流中藉由感同身受向孩子表達肯定的訊息。孩子表達某種看法時，回答：「哦～原來你是這麼想的，我總算明白你為什麼會那樣說了。」這就是感同身受的表現。「我明白你所做的、所感受到的」，是僅次於「我愛你」的正向肯定與共鳴。後面篇章會談到的「讓孩子自主玩樂的方法：P.R.I.D.E」技巧（P.145）中，也大量提及共鳴這一點。我們可以藉由各種方法表達共鳴，最簡單的方法是重述、模仿、描述，我稱之為「第一句話附和技巧」，也就是**不論孩子說什麼，父母第一句話就表示認同**。舉例來說，孩子說「我肚子餓了」，如果父母說「還沒十二點就肚子餓？」、「為什麼肚子餓？不是剛剛才吃過點心嗎？」都不算是第一句話附和的回應。

當孩子說「肚子餓」時，必須立刻附和孩子「肚子餓呀？」這才是第一句話附和技巧，代表我正在聽你說話，並傳達「我明白你當下狀態、知道你在說什麼」的訊息。如果明明不是用餐時間，孩子卻說他肚子餓了，可以先感同身受，接著再說「可是還沒到用餐時間耶？先吃點水果，待會再吃飯吧」即可。

孩子放學回家後說上課好無聊，如果父母說：「去學校是去玩嗎？是為了讀書才去上學的好嗎？」那就不是第一句話附和的回應了，而是要先重述（Reflect）：「今天上學不好玩嗎？」表達出「我正在聽你說話，而且我知道你在說什麼」。接著以好奇心詢問：「發生了什麼事嗎？為什麼覺得上學很無趣呢？」用「我想要再聽更多細節」的態度聽孩子的故事，然後表達「哦～原來如此，媽媽以前也一樣，去上學是為了讀書，所以覺得無聊也情有可原，但是媽媽認為上學還是可以學到東西喔」，將父母想要教導的觀念告訴孩子即可。

先感同身受，再傳達想說的話也不遲，因此請父母不要太著急。當孩子在說任何話時，如果父母在第一時間就否定一切，孩子會越來越不願意向父母開口。夫妻或朋友之間也是如此，**越是被某人同理，會越想向對方吐露更多事情，這是人之常情。**

此處提到的「傾聽孩子說的話」，跟每件事都迎合孩子大不相同，「同理孩子」跟「你說得對」這兩者，父母也要加以區分。同理完孩子的感受後，再好好地將父母的不同意見或教誨告訴孩子即可。事實上，自己的立場與想法充分受到他人認可的孩子，會更能接受父母的教誨。**父母在管教孩子前，也要從「我聽見你說的話了，也明白你的狀況和情緒」的涵義中同理孩子，接下來再給予指教也不遲。**

尤其是陪同孩子玩樂的時候，由於沒有正確解答，而且教導也並非玩樂的首要目的，因此更需要竭盡所能地附和孩子。玩樂期間，孩子有想法、說話表達或進行某些行為時，有些父母會一直想要糾正孩子。連玩遊戲時自己的想法都無法受到肯定的孩子，又怎麼能盡情表達自己的主見與看法呢？

請父母省思自己的言行，回答孩子時說的第一句話有沒有感同身受，同時也觀察跟長輩之間一來一往的談話內容，有多少是屬於感同身受的話？又有多少是屬於教誨、提議或批評？

我們之所以會跟孩子起口角，往往是因為內心覺得自己的立場未受到肯定所致，雙方急著表達各自的角度，導致無法認同對方說詞的窘況。只要藉由第一句話附和技巧，練習傾聽孩子說話，並同理孩子，你將會感受到雙方起口角的頻率大幅降低了。

觀察自己與他人的互動，便能區分出達到共鳴以及未感同身受的反應，同時也能瞭解自己的感受。如此一來，父母也能更自然地向孩子展現自己感同身受的反應。雖然還有許多高品質且被分成更多階段的共鳴對話法，但是第一句話附和技巧不僅難度低，又能達到產生共鳴的效果，因此父母們務必親自試試看。

PRACTICE NOTES

提升孩子的自尊心

透過無條件的愛與絕對存在價值的教訓，可培養孩子的自尊心。請寫下可以提升孩子自尊心的話語，再試著對孩子說說看。

Q：你想對孩子說哪些「無條件的愛」的話語呢？

Q：肯定孩子絕對存在價值的話語有哪些呢？

水：克服缺點、提升自尊心的剝核桃技巧

揭露自己的短處，缺點就不再是缺點

經常提起自己的不足之處與缺點，是自尊心下降的原因。「剝核桃技巧」是接納自己的缺點，並提升自尊心的方法。父母不但要瞭解，也要教孩子。

正如大家所知，核桃外殼相當堅硬。如果知道自己有哪些弱點，難免會想將它包在堅硬的外殼中，試圖加以掩蓋。可是，試圖隱瞞自己的缺點並包裝，其實是件相當費神的事。此外，因為每個人只看得到他人包裝過的樣貌，所以可能會產生別人那麼完美、只有我缺點一大堆的錯覺（因此更加自卑）。而剝核桃技巧，則是大方坦承缺點的逆向思維法。

「我也有這方面的弱點，這方面我不怎麼拿手。」

此處不是指我們坦承時要為這方面的弱點感到羞愧，而是要以理直氣壯的態度表明「在內部的我是相當不錯的人」。比起否認自己的不足，若能以正向態度接納自己的不足，並且大方承認，別人要對此說長道短反而就沒那麼簡單了。

我患有嚴重的注意力不足過動症（ＡＤＨＤ），但是跟人見面時，比起為此感到丟臉而加以掩飾，我傾向於一開始就開誠布公，表態說我有這一面，而這反而促使我想出更多點子、更有爆發力地解決問題，如同剝核桃殼時迅速敲開外殼一樣，坦蕩蕩地承認。這麼做的話，注意力不足過動症再也不是弱點了，我的心情也輕鬆不少。

成為英國王妃的美國演員梅根（Rachel Meghan Markle）長了許多雀斑，但是相較於遮遮掩掩或是進行雷射手術除斑，她的做法是正面表態：「沒有雀斑的臉就像沒有星星的夜空。」這堪稱是剝核桃技巧的精髓。像這樣大方坦承後，別人要針對雀斑給予負評或謾罵也就難了。

我們必須明白一件事，我們認為自己不完美，不是真的不完美。**我們的弱點與社會所訂定的諸多不完美，多半是人為因素（或常規）所訂出來的。**因此，請用不一樣的角度來看待，別對孩子灌輸沒有太大意義的觀念。梅根表示，將雀斑比喻作星星是跟爸爸學的，可見父母的影響力之大。

可是，實行剝核桃技巧之前，有個必經過程，那就是相信**「即使有弱點與缺點，我依然是個有價值的人」**，建議大家可以早晚進行深呼吸，並對自己說「我是有價值的人」，這稱為自我肯定（Self-affirmation）或自我對話（Self-talk）。儘管沒有立即感受到太大的改變，但是只要相信自己是有價值的人，就會做出更尊重自己的行為，而且也會懂得遠離並拒絕不尊重自己的人或狀況。

若能確信核桃殼中的我是不錯的人，便能很有自信地實行剝核桃技巧，如此一來，自然就能提升因「弱點」而降低的自尊心，心靈也會變得越來越健康。

我的核心信念將改變我的現實

精神治療的諸多方法中，有一項是認知行為治療（Cognitive Behavioral Therapy）。這是一項以「想法會隨著情緒而改變、情緒會隨著行為而改變」為基礎所進行的治療法。也就是說，如果能協助改變一個人的想法，情緒與行為也會隨之好轉。

不過，這個理論中一切想法的根源被稱為「核心信念」（Core Beliefs）。我們生存的世界不可能存在著絕對性的現實，因為每個人長相各異，也有不同的思想，對於社會上所發生的現象會透過自己的眼睛去看、耳朵去聽、身心去感受，然後大腦再按照自己的方式去解讀、去理解所收集到的資訊，而這就是那個人所面對的現實。因此，核心信念才會顯得更加重要；核心信念是自己對於自我、他人與世界的基本信仰。

核心信念之所以重要，原因在於一個人的想法會帶來情緒，而情緒會牽動行為，這樣的情形一再反覆，最終便會逐漸形塑出自己的信念。對於自我、他人與世界持有正向信念的人，會漸漸打造出讓人值得信賴的環境；做不到的人，則會逐漸累積負面結果與信念。我們生存的世界不可能存在著絕對性的現實，因為打從一開始，現實就是透過感覺去看、去聽、去感受身邊所發生的現象，然後再由大腦依自己的方式去解讀、去理解所收集到的資訊。我們生來與眾不同，又在不一樣的環境中成長，即使目睹相同的現象，但每個人解讀及接納它的做法卻不見得相同。因此，自我的現實將會根據自己如何思考而有天壤之別，所以更能彰顯核心信念的重要性。

舉例來說，如果一個人抱持著「我是得不到愛的人」的核心信念，那麼就算某天心愛的人真的出現了，也會因為小爭執而說出「我就知道，怎麼可能會有人真心愛我」的話，並為此感到絕望。如此一來，雙方關係將會每況愈下，最後導致關係無法維持。一想到沒有任何人喜歡自己，便感到悶悶不樂，然後變得更厭惡他人，而且越來越孤立無援。身為精神科醫師，我早已親眼目睹過諸多這樣的狀況，而諮詢師與精神科醫師的治療中，有絕大部分是協助病人導正讓人生變得如此痛苦的負面核心信念。

自我的核心信念

核心信念中，對於自我的核心信念是最重要的。對自身的健全信念是自尊心的根基，父母最好在孩子年幼時便向孩子灌輸這樣的概念：

「○○的存在就像夜空中閃閃發亮的星星。不論是誰，都有擅長與不擅長的事，也有強項與弱點，每一面向都屬於自身的一部分，讓我們成為耀眼的星星。若是仔細觀察鑽石內部，也會發現其中略有瑕疵，但那也是鑽石的一部分。」

以孩子來說，長相很有可能會被他人拿來當作嘲笑的話題。舉例來說，如果孩子說班上同學都笑他是矮冬瓜，為了幫助孩子，有些父母可能會提出「那就吃鈣片來增高」、「聽說運動有助長高」、「不然買增高鞋給你穿」等等的說法。然而，這樣的態度等於在告訴孩子，個子矮會貶低孩子的價值，或是承認「現實就是如此」。可是，住在美國的我覺得，東方社會尤其對身高寄予諸多價值，而這點也許跟亞洲人熱衷於餵孩子吃飯的文化脫離不了關係。

若是放眼世界，身高根本不是大問題。尤其在美國社會，除了身高之外，還有各種膚色、體型與長相天差地別的人們生活在一起，因此難以訂出哪一種是最好的標準。因為沒有特殊標準，所以不論長相特徵如何，都稱不上是缺點。端看湯姆．克魯斯（Tom Cruise）、火星人布魯諾（Bruno Mars）、娜塔莉．波曼（Natalie Portman）等歐美演員或歌手，他們雖然個子都不高，卻依然美的美、帥的帥，氣勢如虹。

不管孩子擁有什麼天性，請告訴孩子：「那是你特有的天性，如此多元的特質結合在一起後，使你成為一個有價值的人。」父母自己也必須秉持這樣的態度過日子，孩子將父母的行為看在眼裡，自然就會學習那樣的態度。

如此一來，孩子的自尊心將會越來越強大，「我是值得被愛的人」的核心信念也會深刻入骨。不論別人說了什麼，或是遭遇哪種狀況，都不會輕易撼動孩子心中「自己是很棒的人」的想法，而且對此深信不疑的人也會替自己營造備受尊重的環境。美國福特汽車創辦人亨利．福特曾說過：「不管你認為你做不做得到，你都是正確的。」（Whether you think you can or you think you can't, you are right.）這可說是體現了「我的想法會逐漸趨向於現實」的一句話。

為了讓我們的下一代生活在備受尊重與備受喜愛的現實之中，請父母務必對孩子灌輸「我是值得被尊重的人、我是值得被愛的人」的核心信念。

PRACTICE NOTES

陪孩子克服缺點

透過大方坦承的剝核桃技巧，接納不足之處與缺點，同時提升自尊心。

Q：父母自己有哪些不足之處與缺點呢？

....

....

Q：孩子有哪些不足之處與缺點呢？

....

....

Q：接納自己不足之處與缺點的，有哪些核心信念？

（範例：我不擅長交朋友，不過倒是有一位知己，針對這一點，我認為自己是個不錯的人、是個有價值的人。我的存在讓我成為一名有價值的人。）

父母：..

....

孩子：..

....

水：提升高敏感孩子自尊心的身價技巧

任何個性都有優缺點

各位是敏感的人嗎？身邊有高敏感人嗎？其實我們常說的「敏感」是一種氣質，一般來說，這項氣質從小就會顯露出來。有些小孩天生敏感，從小只要遇到陌生人，就會躲在媽媽身後，對於變化也會感到格外敏感，而這樣的孩子往往也容易感到不安。此外，對於他人處於哪種狀態，他們的反應也較為敏感。「媽媽現在心情好不好？」、「目前家庭狀況好不好？」這類孩子對此可能相當敏感。

這類孩子通常十分在意他人的觀點，而且很會察言觀色，並會因為別人無心的一句話而受傷。除了天生的氣質會讓孩子出現敏感反應外，孩子自尊心低落時，也很有可能會出現對人事物較為敏感的反應。

家有高敏感孩子的父母充滿擔憂，不僅要擔心如此敏感的孩子長大後是否有辦法在世界上生存，也要擔心孩子會不會每天被其他人欺負。

每種性格都有優缺點，如同硬幣的正反面一樣。敏感的性格看起來也許是缺點，但是它也有優點。細心謹慎，做事懂得察言觀色，意思就是富有同理心，懂得關心別人。如果能妥善利用它的價值，反而會變成優點，而且這類型的人也很有可能成為領導者。有同理心的人和沒有同理心的人當中，人們比較喜歡讓誰當領導者呢？當然是前者。

再者，高敏感孩子通常觀察力敏銳，會仔細觀察別人說過什麼話、局勢如何轉變。由於這類型的人擅長觀察某件事後將它記錄下來，因此很有可能會成為學者。不僅如此，因為他們不喜歡跟人產生摩擦或任何不便的狀況，所以願意讓步。事實上，讓步是成熟的表現。雖然過於讓步並非好事，但是若能好好培養這樣的性格，未來將有可能成為懂得觀察他人需求、善於解決他人糾紛的傑出人才。高敏感孩子通常安靜內向，不但喜歡獨處，自我反省的能力也十分出色。一般來說，這類型的孩子不僅有諸多想法，而且也很深思熟慮。生物學家達爾文與和平主義者甘地都是性格敏感的典型人物。

因此，沒必要改變高敏感孩子，讓他變成不敏感的孩子。世界上有形形色色的人，形形色色的人各有優缺點，而我們只要專注在優點上即可。

孩子可能會為自己的敏感性格感到困擾。「又不是什麼大不了的事，何必那麼擔心」的說法，跟前面提及的同理心原則大相牴觸，因此父母的第一個反應要認同孩子的心情：「這件事讓你不舒服，對吧？」也必須讓孩子知道，孩子這樣的性格也是有優點的。「你的觀察力真的相當敏銳呢！記錄得十分詳細呢！」像這樣稱讚孩子的優點。父母必須從旁協助孩子，以便讓孩子展現自己所擁有的獨特潛力。

父母為孩子建立健全的自尊心，這樣的孩子即使在學校聽到令人受傷的話，也不會將那些話放在心上。他們可能會灑脫地說每個人都與眾不同，性格比較敏感也未必全然是壞事，它也有好的一面，而不是喃喃說著我怎麼心胸那麼狹隘，我是怪人，然後一個人憋在心裡悶悶不樂。

在這樣的教養環境下長大的孩子，就算生活上遇到大風大浪，被水濺得一身濕，也不會立刻被擊倒，反而是很迅速地擦乾身體再站起來。只要父母好好實行炊飯技巧，就能栽培出心思細膩謹慎卻強韌堅定的孩子。透過提升孩子自尊心的方法，將敏感特質昇華為孩子的優點吧！

人們如何對待我，由我決定

為了培養高敏感孩子的自尊心，我提出的方法是「身價技巧」。如果我要替世界上的人們訂出他們的身價，誰的身價最高呢？答案就是我自己。為了讓孩子更容易理解，建議這樣舉例：假如我的價值是黃金一百兩，那麼別人的價值不可能高於黃金一百兩。

這不是傲慢的意思，不是意指「我才是世界上最重要的人，世界必須以我為中心轉動」，而是我必須尊重每個人，但是最需要尊重的人其實是我自己。

不懂得尊重自己的人會尊重別人，這是很矛盾的一件事。不懂得尊重自己的人，真的有可能尊重其他生命嗎？

尊重自己很重要，那是自尊心的重要根基。但是有些孩子生性喜歡抬高別人的身價，舉例來說，他們因擔心朋友心情不好而該說的話說不出口。更糟的情況是，他們會變得像隨從一樣，只知道聽從朋友的旨意。

假設朋友借了玩具卻沒歸還，但是孩子怕朋友不開心而沒開口要回玩具，這時建議父母先聽聽孩子的想法，然後說：「原來你是擔心朋友不開心。」充分同理完孩子矛盾的心境後，再說出以下內容：「媽媽有說過，你的存在本來就十分可貴，不論是你還是別人，我們每個人的存在都像鑽石一樣。你的價值是黃金一百兩，別人的價值就不可能是黃金一百五十兩。所以你因為擔心別人不開心而無法說出你自己想要表達的話，那是不健康的心態喔！明天就去跟朋友說說看，『那個玩具你還要玩嗎？我現在想要玩，請你還給我』。」

像這樣，先對孩子解釋這麼做的意義後，再教孩子技巧。如果孩子依然開不了口，跟

孩子一起練習情境劇也是不錯的方法。父母可以先當模擬的對象，演一次給孩子看，接下來再扮演朋友的角色，讓孩子試著說說看，但別忘了稱讚孩子「做得很好，你很勇敢」。假如孩子的聲音不夠響亮，父母必須教孩子技巧，「說話的聲音要跟媽媽的聲音一樣大喔」。只要勤加練習，孩子就會越來越能表達自己的意見，並且懂得拒絕不合理的要求，成為一名能理直氣壯表達自己看法的大人。

另外，也要教孩子這件事。英語裡有句話說：「是你教會人們怎麼對待你。」（You teach people how to treat you.）假如某個人對你不甚禮貌，而你卻照單全收，這就如同在告訴對方「你可以這樣對待我」一樣，真正要教會對方的是「我無法接受你這樣對待我」的觀念。父母務必從小教導孩子如何劃清界線，讓孩子練習向虧待自己的人說「你不可以這樣對待我」。

遺憾的是，如此敏感且善於體察他人情緒的人，有時卻被稱為「爛好人」。有句話說：「持續的好意，只會被當作權利。」關懷照顧別人的這段期間，如果我都沒有表達任何想法，對方就會將我的關心與付出視為免費服務。

尤其是面對高敏感孩子，父母一定要教孩子身價技巧。人與人之間的關係如同磅秤，不論是自己還是對方，只要過度傾向某一側，就是不健全的關係。看重自己的同時，也要尊重對方，這樣才能達到平衡的關係。父母必須先瞭解這一點，再教孩子這個觀念。

PRACTICE NOTES

提升高敏感孩子的自尊心

所謂的敏感，有時也意味著富有同理心、懂得關心別人。跟孩子一起實行培養高敏感孩子自尊心的身價技巧吧！

Q：跟孩子一起想一想，敏感性格的優點有哪些呢？

Q：我有多重要，想對自己說什麼話呢？

（範例：我像天上的星星，我的存在是有價值的，我的每一項特質讓我成為一名有價值的人。）

父母：

孩子：

火：
教導價值觀，
不論遇到哪種情況，
孩子都能守規矩

一定要教孩子的四種價值

現在來瞭解炊飯的基本要素——火，也就是價值與心態。如同第一章所看到的，世界上有諸多重要價值，而父母們所追求的價值也不盡相同。父母要教孩子諸多價值觀念，而比起一次告訴孩子太多價值觀念，有四種基本價值是父母一定要教孩子的。只要確實教導這四種價值，不用父母操心，孩子也能成為善良的大人。

所謂的價值，就像基礎地基工程一樣。若要蓋房子，首要之務是挖地立柱。假使未妥善實行價值教育，即使其他事情做得再好，一旦強風一颳，房子仍然會被吹垮。

確實完成自己負責的事，信賴與責任感

第一個價值是信賴感（Integrity），意思是某個人的言行正確屬實，與「誠實」相通。美國投資家華倫·巴菲特（Warren Buffett）說，他雇用人才時只看三個條件。第一是聰不聰明（Intelligence），第二是做事是否主動（Initiative），第三是為人是否值

得信賴（Integrity），這三個條件被稱為「三個I」。

巴菲特曾說，就算前兩項條件再怎麼優秀，一旦雇用到不守誠信的人，他依舊會毀了你。假如一個人聰明伶俐、做事又幹勁十足，卻缺乏信用，那麼他將有可能成為世紀大騙子。如果這種人當領導者，便有可能導致組織腐敗。

管教孩子時的基本態度既不是痛罵一頓，也不是批評指責，而是當下立刻指導及糾正。如果正好有機會教孩子價值觀，建議最好以價值作為立足點來管教孩子。假設孩子寫作業時抄答案，與其對孩子說「為什麼抄答案？你要自己寫啊，怎麼那麼懶……」或「寫作業都這副德性了，讀得了書嗎？」不如用價值來開導孩子：「我曾告訴過你一個人是否誠實正直最重要，對吧？寫作業抄答案是正直的行為嗎？」

第二個價值是多數父母早已再三強調且正在教導孩子的觀念，那就是責任感（Responsibility）與勤勉（Diligence），也就是盡力且認真地完成自己份內的事。然而，如果過度強調結果，可能會忽略過程的重要性，因此父母必須留意的是，**「只要結果是好的，不擇手段也無妨」的態度是不被允許的。**

那麼有哪些具體做法呢？舉例來說，請孩子幫忙倒垃圾，但因為孩子在看電視，嫌麻煩以至於沒倒垃圾，這時父母說：「你答應我要倒垃圾，為什麼沒有倒？每天只知道看電視，你還會做什麼？」

比起單純數落孩子，建議父母訓育孩子時可以提及價值，不如這樣說看看：「是不是曾經跟你說過，自己負責的事要盡力完成，這一點很重要。你負責的工作是倒垃圾，請問你今天有盡到自己的責任嗎？」

成就大人物的貢獻與關懷

第三個價值是貢獻（Contribution）。提到貢獻，可能會讓人有「哎，要我為別人做好事是吧？」但其實不然。所謂的貢獻，不是只有捐款或參與公益活動，而是**憑藉自己的才能，為他人與世界做某件有助益的事**。舉例來說，設計方面有兩把刷子的人如果能製作一支好影片，那不僅代表著自己有所貢獻，同時也意味著一份工作，自己能因此得到報酬。

一般來說，一個人付出的貢獻越大，報酬越多，同時也會被賦予更多機會。因此，貢獻越多的人，越有可能成為社會上的大人物。

正因為如此，父母必須從小教導孩子貢獻的觀念，只要教孩子成為對自己所屬團體有所助益的人即可。首先，身為家庭的一份子，不能總是茶來伸手、飯來張口，而是要教孩子擔負能幫助家庭的事，並完成它。自孩子年幼時起，就要教導「擺放餐桌上的餐具是你的工作，擦桌子也是你的職責，收拾自己的食物是各自的責任」的觀念。

父母告訴孩子「你只要好好讀書，什麼都不用做，我來做就好」，是十分常見的情況，但這跟教孩子要有所貢獻是完全相反的態度。我不清楚這樣受教育的孩子成績是否會比較出色，但是成年後當他們成為某個組織的成員時，他們會不知道該如何付出貢獻。或許他們能做好交辦事項，卻難以成為領導者。不知道貢獻的價值、只知道完成自己份內工作的人，將難以找到工作上的更大意義。自己有所貢獻的那份感受會帶來踏實感，並賦予自己更大的內在動機。貢獻不僅是孩子成長與發展上不可或缺的一環，同時也是社會上人們彼此互助、有所進步的一件事。

其實，一位媽媽聽完我的演講後告訴我這則故事。這位媽媽請幼兒園大班的孩子放學回家後，拿出便當盒和水壺放在水槽，不料孩子卻說：「不要，媽媽你幫我。」拒絕了媽媽，媽媽只好發貼紙、給零用錢，同時稱讚孩子（賦予各種外在動機），卻依然無法說服總是試圖逃避的孩子。

不過，聽完我「教導孩子價值觀念」的演講後，她改變了做法，她對孩子說：「你把便當盒和水壺拿去水槽放，就會變成幫助我們家的小幫手喔！」因為這句話，孩子改變了。只要一回到家，便立刻將便當盒和水壺放到水槽裡。為什麼孩子的態度會轉變呢？在此之前，孩子不明白將便當盒和水壺拿去水槽放的意義與價值，單純認為那是媽媽派給他的苦差事，不過現在孩子知道那件事被賦予了「貢獻」的意義與價值。「我雖然只有六歲，但是只要我這麼做，就能幫家人一個大忙」，因為孩子有了這樣的認知，並為此感到自豪，進而產生了強大的內在動機。

貢獻的下一步是關懷（Consideration），也是父母要教孩子的第四個價值。企業機構真的只會晉用優秀且辦事能力強的人嗎？並不是。企業會評估這個人是否只在乎自己能否飛黃騰達，以及這個人是否會思考如何跟他人一起進步。而雇主當然會雇用後者。

父母也要從小教孩子關心別人。無論做什麼事都要考量別人的狀況，不能造成他人的困擾，還要教導孩子應彼此互助，為他人帶來好處。

舉例來說，當孩子亂丟雜物在客廳沙發上時，與其責罵孩子「整理一下吧，家裡怎麼亂成這樣？」不如說「客廳有好多你的東西呢！這樣媽媽沒有位子好好坐著休息，彼此照顧、為他人著想很重要喔！」如此一來，孩子便會自我反省。這樣的做法不僅可以教孩子價值觀念，在管教孩子方面也會更有效果。當然還有其他管教方式，但是父母也許難以將複雜的對話方式套用在實際狀況上。這四個教導重要價值觀念的指導方針相對來說簡單多了，多數父母也能輕鬆活用。

如同炊飯時不能熄火一樣，每當一有機會時，請父母不斷向孩子解釋這四個價值。成長過程中能領悟到這些價值的孩子就像地基穩固的房屋一樣，不會輕易倒下，無論在何處從事什麼事，孩子必將迎來更多更大的機會。即便剛起步時可能有些踉蹌，但是一點一滴成長後，一定會綻放光芒的。

正向心態，支撐孩子一輩子

教導孩子生活態度，這件事跟前面所強調的價值教育同等重要。心態有諸多層面，我要提的也跟其他專家一樣，那就是對人生最有助益的心態——「正向心態」。

正向心態不同於相信一切都將一帆風順的態度，後者是不切實際的想法，而且遇上不如意時可能失落感與挫折感會更大。正向心態是相信任何狀況都有好與壞的一面，兩者是共存的。人生在世，會遇上好事，也會遭逢壞事，然而不論是什麼事，都未必全然是好或是壞。

人的性格也是如此，沒有十全十美或是惡劣至極的個性，這一點也是父母必須教導孩子的觀念。孩子未來的人生也會遇上崎嶇不平的路，並有可能因而跌倒，但是提前學到這個觀念的孩子不會因為遭逢困境而挫敗，也不會因為人生一路順遂而變得傲慢自大。

舉一個例子，有一個愛玩的十歲小孩，只要一放學就會到遊戲場玩三小時，父母也讓他盡情玩耍，這是好現象。不過有一天，遊戲場因某個小孩感染新冠肺炎而封閉，孩子就像遭遇難以預料的事一樣，相當難過。媽媽本來不知所措，後來她跟孩子分享了在我的課堂上聽到的故事：

「這世界上沒有什麼事情全然是好事或壞事，就算看起來是壞事，也可能有好的一面。」

媽媽自己也感到半信半疑，卻還是這樣告訴孩子，結果孩子說：「遊戲場都封閉了，哪有什麼好事？」媽媽一時無言以對。

然而，某天傍晚孩子竟笑容滿面地拿著一束花回家，因為遊戲場封閉的關係，孩子跑去其他地方玩耍，意外發現花圃裡的花謝了，而撿拾滿地落花讓孩子感到有趣極了：「媽媽說得對，假如社區的遊戲場沒有封閉起來，我怎麼可能發現花圃裡的花呢？」

之後過了約六個月，媽媽忘了那件事。這名孩子的興趣是用電腦寫小說，某天因為沒有存檔，導致寫好的文章不翼而飛，孩子哭得翻天覆地。但是幾個鐘頭過後，孩子跑去找媽媽，並說道：「媽媽說得對，雖然不得已只好重新寫，卻因此多想出一個厲害的角色喔！假如寫好的文章沒有不翼而飛，我不是就想不出這個厲害的角色了嗎？」

連媽媽都忘記六個月前教了什麼，孩子卻記得一清二楚。只要在孩子年幼時教他們價值與心態，孩子便會將所學記在頭腦裡。價值教育是終身教育，試想，這個孩子以後會如何度過人生？瞭解正向心態的孩子即使在生活中遇到任何不如意，也不會感到絕望，反而會找出事情好的那一面，因此這樣的孩子比沒學過這個價值觀念的孩子擁有更強大的自我修復力，並且也將更勇於面對生活。

教孩子數學、英文或鋼琴等項目也是好選擇，但是只要教孩子價值觀念與正向心態，它們將成為孩子人生旅途中的燈塔。每當在人生岔路做抉擇時，它們能讓孩子根據自己的人生標準做決定；縱使遭遇挫折，也能展現出孩子不輕易放棄的自我修復力。

請父母成為孩子的榜樣

不過，父母在教孩子價值與心態前，必須記得一件事。父母自己做出不重視價值的行為，同時卻想教孩子價值是什麼，這不但自相矛盾，也幾乎是不可能的事。最理想的教育方式是父母以身作則，如此一來，孩子就會知道「原來人要這樣過生活才行」，並在不知不覺中向父母學習。

雖然孩子出門在外可能受其他大人或朋友影響，但是父母的影響力遠比這些來得大。即便孩子可能會被外在事物影響而暫時躊躇不前，但是向父母習得的價值會讓孩子穩如泰山，外在事物無法輕易擊垮他。若要完成這一步，父母必須先抱持信心加以實踐，才能教導孩子。

當然，父母非聖賢，孩子也可能會說：「媽媽明明自己也做不到，為什麼要我做？」這時父母可以這樣回答：「這是相當重要的部分，媽媽（爸爸）也還在努力學習，我們一起努力、一起成長吧！」

前面曾說過，**父母在孩子面前最需要卸下的是「我很完美，對一切瞭若指掌」的態度，並且要有跟孩子一起成長的認知。**

只要一有機會，父母就必須不斷教孩子四個價值與正向心態，並向孩子樹立榜樣，這樣孩子才能將這些觀念完全內化成自己的一部分，而這些正是搭建人生這棟房子的重要支柱。就算使用再高級的裝修材料，基本工程偷工減料且地基沒打好的房子依然很容易就會垮掉，因此父母千萬別忘了，炊飯技巧的「火」，也就是價值與心態教育，兩者是繼「愛與呵護」之後務必要教孩子的事。

PRACTICE NOTES

教導四種價值

信賴感、責任感與勤勉、貢獻、關懷（為了方便記憶，也可記作「誠實、勤勉、貢獻、關懷」）等，是父母必須教孩子的基本價值。管教孩子時，這四個價值中必須教些什麼內容，請想一想再實踐。

Q：如何教導孩子意指「言行正確屬實」的信賴感？

Q：如何教導孩子意指「盡力且認真地完成自己份內的事」的責任感與勤勉？

Q：如何教導孩子意指「憑藉自己才能，為世界做有助益的事」的貢獻？

Q：如何教導孩子意指「設想他人狀況、不造成他人困擾，並能彼此互助」的關懷？

Part

02

瞭解推動孩子的力量

請當一個能替孩子帶來靈感與好奇心的父母，
那麼孩子就會自行去開拓自己的人生，
自行去學習所需的技能與知識。

一
內在動機
是比競爭強大的原動力

推動孩子的力量，內在動機vs外在動機

目前為止對教養基礎中的基本炊飯技巧已有所認識。但是，演講時每當我針對炊飯技巧的基本要素——愛與價值教育講了老半天，在場父母還是一副「你在說什麼」的表情，孩子真的有辦法光憑這些在險惡的世界上好好生活並獲得成就嗎？父母們對此心存懷疑。從現在起，跟著我一起尋找問題的解答。

父母拚命工作以維持生計，卻容易誤認為競爭才是最強大的原動力，因而才會試圖用同一個邏輯來激發孩子的動機：「聽說隔壁鄰居家的小孩考第一名，你在班上起碼也要有中上程度的成績，不然以後靠什麼養活自己？」

這是根深柢固的思想，認為跟他人比較後自己必須更優秀。若要以競爭邏輯來說，除了我之外，許多專家都會說「還是別生小孩了」。可是，又會有父母如此爭辯：

「不競爭，孩子怎麼讀書？」

「我也不想這麼做，但是這該死的升學考試制度不改變，我也沒辦法。」

「擔心孩子跟不上，讓我十分不安。」

對此我提出幾個答案。首先，第一個是針對孩子不競爭怎麼讀書的問題。

促使孩子從事某種行為的力量，也就是所謂的動機，大致上可分為兩種，一是外在動機，二是內在動機。做跟某件事本身毫不相干，但有額外補償或罰則，屬於外在動機。金錢、成績、獎金、獎品、讚美、處罰、罰金等，都是外在動機。相反地，某件事本身所帶來的價值與意義（奉獻、正義、關愛、快樂），或是自己內心對於某件事所流露出的興趣、好奇心、滿意度等，屬於內在動機。

內在動機更持久強大

內在動機比外在動機更持久強大，這是千真萬確的事實。試想，給孩子零用錢，請他幫忙做某件事。孩子需要用錢的時候，如果父母說要給零用錢，他就會去做指派的事。然而，假如孩子不再需要錢，像是零用錢夠用或沒什麼特別想買的東西時，孩子就不會去做父母指派的事——這是理所當然的事。

大人不也是這樣嗎？年薪翻漲當然好，一開始翻漲時，或許還會想要認真努力工作，但是這樣的動力能維持多久？年薪翻漲的喜悅不久就會消失殆盡。如果想讓人更努力工作，就必須繼續提高年薪。像這樣不斷採用相同方式提供外在動機，其效果將會隨著時間推移而大打折扣。

那麼，讓人付諸行動的內在動機有哪些？首先，對人類而言，**愛是最大的動機**。父母們再累，也要認真工作、維持生計的理由是什麼？對孩子的愛，就是父母工作的動機。此外，兄弟姐妹或男女關係之間的愛，也是相當強大的內在動機。

對人類而言，**歸屬感也是相當重要的內在動機之一**。雖然有少數人例外，但是絕大多數的人都十分渴望自己屬於某個團體。最常見的例子是從家庭中感受到的強烈歸屬感。家的歸屬感會為我們帶來意義、安定感與快樂，不是因為家人給我錢才感到開心，而是身為家庭成員的這件事帶給我幸福的感受，所以我們才會努力為自己的所屬團體做出貢獻。為了擁有歸屬感，有時我們可能會迷失真正的自我，但對人類而言，健全的歸屬感將會成為發展與成長的動機。

前面強調的四個價值也是重要動機，生活中也可能發生外在動機與內在動機相牴觸的狀況。舉例來說，假如有人以鉅款作為代價，要我們去做對他人有害的事。這時，價值觀念根深柢固的人即便碰上再誘人的外在動機，也不會輕易動搖。父母在養育孩子時，如果過度執著於結果所帶來的報酬等外在動機，反而有可能弱化孩子的內在動機。為了打造一個價值觀正確、人人和諧相處的進步社會，父母不僅要讓孩子成為內在動機強大的孩子，也要讓孩子將內在動機當作生活的原動力。

大家偶爾會將內在動機與外在動機搞混。曾經有人問我：「幫助他人也跟外在事物有關，難道這不算是外在動機嗎？」然而，內在動機是源自於該行為本身的動機。假如，幫助他人的行為不是源自於「我就是想幫助他們」的純粹想法，而是渴望從他人口中聽到讚美的話，或是得到其他形式的報酬，那就代表外在動機介入其中了。相反地，如果我的行為本身使我感到快樂且自豪，那便是內在動機使然。

舉例來說，假如媽媽說「去洗碗就給你一千元」，洗碗這件事就不具有「幫媽媽的忙」的意義，也不是出自關懷與奉獻，獲取金錢利益反而變成洗碗這件事的動機了。這種外在動機跟行為本身沒有直接關係，意即一千元所指的金錢與洗碗之間並沒有直接的關聯性。懲罰也是一樣。假如是因為做壞事要受罰才不做壞事，這要歸因於外在動機。如果是依據自己「不能造成他人困擾」的價值觀而選擇不做壞事，則歸因於內在動機。

成功人士的最佳原動力

有一個成就非凡人士們一致提到的內在動機，那就是前面曾介紹過的重要價值之一——「貢獻」（Service、Contribution）。我說過，父母一定要教孩子貢獻的價值，當貢獻這件事內化成為自我價值的一部分，它就等同是內在動機了。

自我實現也是相當重要的動機，但是這裡提到的是更深入一層的內在動機——貢獻。簡單來說，貢獻是指「在社會上，我該用自己的能力做什麼事」。如果我所擁有的能力讓他人的生活因而獲得改善，或是世界往更理想的方向進展，那會是既有價值又難能可貴的事。提到這些，有些父母會說：「但這樣的話，孩子不就變成只知道為別人瞎忙的爛好人嗎？」然而，事實並非如此。若說成功人士或我們所敬佩的人們，是憑藉「貢獻」這個動機才達到今日的成就，這句話一點也不為過。因為抱有貢獻這個動機的人，將會被賦予更多的成長機會。

提到貢獻，會讓人想到德蕾莎修女等捨己為人的偉人，那是偉大的貢獻，不過也不用想得太過誇張，像我們這樣的一般人也可憑藉自己的能力，達到自我實現並幫助他人。

舉例來說，經營餐館的人努力煮出美味營養的食物，用餐的人因而得以享用美食，而且身體越來越健康，這就是相當具有意義的貢獻。假使食物美味好吃的聲名遠播，便會有更多人慕名而來，餐廳也會因此人聲鼎沸。清潔人員、電腦工程師等其他工作也是相同情形。如果自己的能力與付出能改善他人的生活與社會，那就是貢獻。像這樣將職業與貢獻兩者相互連接，就能找到更有價值的工作。

再者，貢獻越多的人往往也會被賦予更多機會、得到更多回饋，因此貢獻會讓雙方一起越來越好。成就非凡的人大多都抱有「想靠自己的才能做出更多貢獻」的強烈認知，諸多大企業也是如此。對貢獻沒有遠大藍圖的公司縱使可以成長到某個程度，卻難以成為不斷成長的百年企業。以全球首屈一指的蘋果公司為例，共同創辦人賈伯斯所撰寫的公司願景是這樣的：「創造出能引領人類進步的使用工具，並將它獻給全世界。」（To make a contribution to the world by making tools for the mind that advance humankind.）

蘋果公司不僅實現了這句話，並且仍不斷追求這樣的藍圖。在生活中將貢獻視作偉大價值的人或公司不僅能走得更遠，也有更大的發展機會，父母必須知道這一點，並將此觀念傳給下一代。那麼該怎麼做，才能將內在動機深植在孩子心中呢？

興趣與好奇心是孩子自然會流露出的強大內在動機，而針對興趣與好奇心教導價值觀念，便能逐漸增強誠實、關懷、貢獻等內在動機。安東尼・聖・修伯里（Antoine de Saint-Exupéry）曾說過：「如果要教某個人如何打造一艘船，要做的是讓他渴望無邊無際的大海。」為了教孩子打造一艘船，許多父母會說：「想要打造一艘船，首先要砍樹，然後使用工具……」一項一項教導孩子造船的技巧。別這麼做！請帶孩子去海邊吧，孩子看到大海後會好奇地說：「那廣闊又美麗的大海是什麼地方，大海的另一端有什麼？」並且心懷「我要搭船去那探險，一睹它的風采」的雄心壯志。如此一來，父母就不用逐一教導孩子造船的方法了，因為孩子會自己讀書鑽研，這就是內在動機。

請當一個能替孩子帶來靈感與好奇心的父母，那麼孩子就會自行去開拓自己的人生，自行去學習所需的技能與知識。

「意義」帶給百歲時代的力量

我是不是說得太理想，與現實的教養環境相差甚遠？若是如此，我想提出以下疑問。

為了教育孩子，二十年來總在孩子身邊形影不離，耗費了許多金錢與時間，甚至安排時間表——試問，供孩子讀書容易嗎？孩子真的活得幸福嗎？你有多少把握，敢說目前的做法非常完美？既消耗精力又所費不貲，壓力無所遁形，家長與孩子越來越憂鬱，雙方關係越來越惡劣，難道自己要因為別人都步上這條路就亦步亦趨嗎？

跟各位目前的教養方式相比，向孩子灌輸內在動機，是更簡單有效且讓人快樂的做法。請父母讓孩子體驗讀書以外的更多經驗，並好好觀察孩子關注的事情和興趣，然後給予支持。由於孩子尚未成年，興趣多多少少還會改變，但這也是正常的發展過程。激發孩子的興趣、好奇心與內在動機，才是父母真正的任務。

我們的孩子日後會活到一百歲，你認為孩子二十歲時考上好大學，剩下的八十年就能獲得保障嗎？其實不然，反而是父母所灌輸的價值、心態與「找尋內在動機的方法」才能支撐起孩子的一輩子。人類渴望找尋意義。在職場上承接艱難業務的情況下，是否有人向你說明這份差事的意義，這兩種情形有著天壤之別。如果工作時連為什麼要做這件事、意義何在都不知道，將無法提升辦事效率，也感受不到任何價值，反倒會變得易怒，嚴重情況下甚至會感到委屈。

比起競爭，「意義」對人類來說是更強大的原動力，而意義正是出自某件事本身的內在動機。縱使有外在動機，然而在毫無意義的情況下做事，即使最後能取得成就，卻仍容易感到心力交瘁，而且難以長期維持良好身心狀態。當自己在從事某件事、說服某個人或跟他人共事時，我們必須思考「自己做這件事的意義是什麼」、「這件事對那個人的意義是什麼」，方能藉助更強大的原動力，繼續堅持下去。

將孩子培育成一名成熟的大人具有崇高的意義，而只要是為了孩子，再艱辛的事情父母也會設法解決，不是嗎？在父母邊工作邊找尋「這件事有什麼意義」的同時，也要努力賦予孩子足以面對生活的內在動機。

PRACTICE NOTES

尋找內在動機

進行某個行為時，相較於外在動機，內在動機具有更強大的原動力。請針對能激起行動力的內在動機，說說看自己的想法。

Q：父母自己有哪些內在動機呢？

Q：請想一想，希望孩子能自己完成什麼事？

Q：孩子進行那件事時，父母能賦予哪些內在動機？

外在動機的陷阱

外在動機會削弱內在動機

也許有人會問，在沒有競爭和酬勞等外在動機的情況下，該如何採取行動？人，尤其是孩子，當然也會需要外在動機，只不過有需要留意的事，那就是一旦賦予外在動機，就會削弱原有的內在動機。

舉例來說，某個社區住著一位老爺爺，他家前方有一塊寬敞的空地，問題是社區裡的孩子們每天都會到空地玩耍，讓空地變得吵吵鬧鬧。如果是一般的大人，肯定會叫孩子們去別的地方玩。雖然這位老爺爺也曾經這麼做，但是孩子哪聽得進去，畢竟沒有地方像這塊空地一樣好玩啊！

經過深思熟慮後，這位老爺爺決定了，每當孩子來玩時就給每個人一美元，並說：「盡情玩吧！玩好就回家。」孩子們當然開心極了，而且更認真來空地玩。後來過了約兩個禮拜，老爺爺說道：

「孩子們，我已經沒錢了，就算你們來這裡玩，我也沒辦法再給你們錢了。」

結果孩子們怎麼做？此後孩子再也沒來空地玩了。為什麼會發生這種事呢？起初孩子們不是為了錢而來空地玩，單純是因為在空地玩很有趣才來的。然而，老爺爺開始賦予孩子跟金錢有關的外在動機，讓孩子慢慢養成是為了外在動機才來玩的習慣，以至於玩耍這件事逐漸變質，就像為賺錢而工作一樣。當外在動機突然中斷，興致自然也會蕩然無存，甚至有受委屈的感覺。像這樣要有外在動機才有動力去做某件事，將難以找到該行為本身的真正意義，也就是說，無法培養內在動機，甚至連意義也消失得無影無蹤。

再舉其他例子，某幼兒園向遲到沒來接小孩的父母收取罰金。罰金屬於外在動機，幼兒園認為一旦賦予罰金這項外在動機，父母就會準時來接孩子，於是父母每遲到一小時，就要罰兩萬韓元。後來情況有改善嗎？沒有，遲到沒來接小孩的父母反而越來越多。為什麼會這樣呢？

父母準時來接孩子是因為內在動機，對孩子的關愛與責任感、不想讓孩子失望、不想造成幼兒園老師的困擾，以上全部屬於內在動機。

然而，打從要罰錢的那一刻起，內在動機受到外在動機影響而弱化。父母認為即使沒在約定時間內接回孩子，但是只要交出罰金，就算盡責的表現。罰金抵銷了罪惡感、責任感與內疚感，同時削弱內在動機。因此，父母千萬要注意，別以為光靠外在動機就能讓孩子採取行動。

孩子讀書就給予獎勵，讀書變相成為苦差事？

有些父母只要孩子讀書就用金錢獎勵他們，或是考試考得好就買禮物給孩子。這麼做的話，讀書這項行為對孩子而言就像苦差事一樣。然而，因外在獎勵而讀書的孩子，反而更難愛上讀書這件事。喜歡某個行為，或是對某個行為本身感到有興趣，對孩子來說才是最大的動機。

舉個類似的例子，跟孩子說只要去拜訪獨居的奶奶就可以拿到五萬韓元，這句話等於是傳達了「沒錯，去看奶奶真的不是孩子喜歡做的事，既然去了，當然要獎勵孩子」的訊息。這樣的做法無法強調「見到奶奶並表達愛意的重要性與價值」的內在動機，只會突顯「獎勵」這項外在動機，因此會讓去拜訪奶奶這件事的意義產生變質。

如果父母經常使用「獎勵」這項外在動機來鼓勵孩子，未來勢必會面臨孩子突然問起「我做到的話有什麼獎勵」的時候，這時父母務必要有警覺心，因為孩子察覺了「可以透過獎勵跟他人討價還價」。這表示孩子作為一名家庭成員，付出貢獻時是外在動機在支配孩子，而不是以助人的價值在引導孩子了。

最後還有一項要注意的事。如果某個人給你十億，請你進行心臟手術，你會做嗎？由於不具有專業技術，即使給你一百億，也是不可行的事。同理可證，面對大部分的事，若孩子辦得到的話就會去執行；不去做的情況下，多半是因為能力不足而無法採取行動。可是，偶爾會有一些父母卻認為這單純是因為孩子造反、不聽話。

像是叫孩子寫一個小時的數學題目，孩子有時很會解題，有時卻不會寫。碰到這種情況，父母可能會說：「他明明就會寫，是因為不想寫才不聽話的。」然而，事實是因為

孩子尚未具備持續進行的能力。

就如同我們雖然說要每天運動，卻有時做得到，有時做不到一樣。尚未具備能持續進行某件事的能力，因此就算給予任何獎勵或處罰，該項能力也不會突然產生。孩子目前的能力還無法在英文考試中得到滿分，你可以跟他說「如果考滿分，我就買你想要的電玩遊戲機當作獎勵」嗎？這根本就不是獎勵了。懲罰也一樣，就算罰得再重、再嚴厲，能力不及的話，孩子依舊無法履約。

實際上，當孩子在發展方面尚未準備到位時，再怎麼給予獎勵也無效，這也是外在動機的缺點。獎勵豐厚卻沒有能力，只知道拿能力以外的結果來說嘴，反而導致孩子再怎麼努力也達不到成就的窘況，並徹底打擊孩子的自信。

那到底要不要將內在動機與外在動機兩者區分開來，並盡量不使用外在動機呢？這倒

不至於。即便是成年人，要憑內在動機來從事某件事也不容易，更何況是孩子。孩子可能尚未具備判斷內在動機的能力，這時便可善用外在動機。舉例來說，寫作業必須具備滿足感、成就感、好奇心等內在動機，但是要孩子獨自完成作業目前仍有難度，那麼父母可以說：「把作業寫完，你就盡到自己的責任了。」向孩子解釋內在動機。或者說：「一人完成是不是還有些難度，我們一起練習吧！」在孩子寫作業時從旁給予協助。此外，父母也要鼓勵孩子：「這一週你自己完成了三次呢！」讓孩子越來越能獨立完成。假如孩子連續四天都自己完成作業，便可提議週末全家點炸雞外送來吃，藉此增加外在動機。

事實上，最好的方法是每件事的內在動機和外在動機同時發揮作用，進而產生加乘效果。學生在課業方面應盡到自己的責任，並富有進取心，這是父母要教孩子的價值觀；此外，父母也要讓孩子體會到意義與踏實感等內在動機，這是賦予內在動機的做法。另一方面，孩子認真準備重要大考，考完後全家一起外出用餐，同時提供讚許孩子為考試付出努力的外在動機。如此一來，內在動機和外在動機便能共存。

單憑外在動機，無法改變任何人

再舉個例子，政府鼓勵生育時也經常使用外在動機。只要生小孩就發放生育津貼，或是就學免收學費，這些全都屬於外在動機。然而不知怎麼回事，生育率依然持續下滑。我認為，生育這件事需要強烈的內在動機，其實生小孩的內在動機趨近於人的本能，不是嗎？但本能之所以逐漸消退，是內在動機消失所造成的結果，因此必須設法恢復原有的內在動機。

生下神似自己與另一半的孩子，將孩子養育成人的喜悅、價值、滿足感，以及與子女分享的愛，以上都是生育的內在動機。當然也包含親眼見證子女活出自己人生的驕傲與欣慰。但是在東方社會，生兒育女需要付出極大的犧牲，在身體上、精神上或經濟上，育兒都被視爲苦差事。因此，不生小孩的外在動機相當大。

對人類而言，內在動機更強大，因此即使需要做出許多犧牲，人依然會選擇生小孩。然而，在父母莫大犧牲之下而被養育成人的年輕人（準父母），卻不覺得這個世界值得活下去，以至於像是「我的人生很美好，我也想讓自己的孩子過這樣的生活」的內在動機便逐漸消失殆盡。

內在動機是促使人採取行動的最大原動力，內在動機被削弱了，導致生育率連年下降。如果生活充滿內在動機，也就是父母生下子女後，將孩子培育成活出自己人生的成年人，這份價值將會讓年輕人渴望生小孩，生育率自然也會隨之上升。

想過幸福的生活，內在動機相當重要。滿意度是幸福條件中的重要概念，會讓人覺得「我是相當不錯的人，我的生活真的很不賴」。然而，若是一味追求屬於外在動機的成就，而非追尋興趣、收穫、踏實感、意義、價值等內在動機，一旦到了中年，勢必要認清所謂的「現實」，不只這段期間的人生毫無意義可言，也將找不到日後人生的價值。

這其實也是東方社會的嚴重弊病。舉例來說，許多人們當醫生不是為了追尋拯救病患的意義與價值，而是為了追求金錢、地位與名聲。倘若因外在動機而成為醫生，無法從醫生這份工作的本質中感受到任何意義或價值，人將難以心滿意足。

我要說的不是「不要奢望得到任何回報」這種冠冕堂皇的話，而是在為人們只強調外在動機的此一現象感到惋惜。外在動機與內在動機明明同時並存，但亞洲社會上卻充斥著只靠外在動機而活的人，假如老師、企業家、醫師、警察等各行各業的人，都絲毫不在乎該工作所帶來的意義與價值，單靠外在動機而從業，那會是什麼模樣？人活著當然需要薪資等外在動機，但是唯有社會上存在著抱持內在動機而活的人們，這才是一個人人能彼此信賴的健全社會，不是嗎？

對自己的人生感到滿足，跟安於現狀是截然不同的兩件事。由於內在動機是更強大的原動力，因此對生活、對工作賦予意義的人，會不斷成長並延續這份意義，而看重這份意義的人在工作上也能發揮更大的潛力。人類總渴望找尋人生的意義，只要找到它，它將會成為莫大的動機。就像前面提到的孩子一樣，被賦予了幫助家人的意義時，便立刻收拾水壺。如果孩子從小學習每件事的意義，跟單憑外在動機而行動的孩子相比，他們會過得更幸福，而且也能得到更大的成就。因此，希望父母們也能跟孩子一起，從小練習找尋每件事的價值與意義。

PRACTICE NOTES

善用外在動機

外在動機與內在動機共存可達到加乘效果。為了讓孩子發揮潛力，請妥善運用外在動機與內在動機。

Q：孩子最喜歡哪些獎勵（外在動機）？

Q：上面所提及的外在動機，可以跟哪些內在動機同時並存？

成長中的孩子是否爲未來所需的人才

二十一世紀眞正需要的才能 4C

美國教育界常提到「二十一世紀的４Ｃ」，這句話指的是為了將孩子培育成二十一世紀的成功人才，務必要教孩子的四種能力。

第一個Ｃ是**創造力**（Creativity）。不用特別說明，大家也會一致認同創造力很重要。身處在如此劇變的時代，創造力能導出創新與發明的新方法，因此更顯重要。

第二個Ｃ是**批判性思考**（Critical Thinking）。乖乖聽從父母、老師、長輩或上級的話，是我們從小所受的教育，但是這樣的觀念目前正慢慢改變中。我們必須懂得提出「為什麼」，詢問是否只有那個方法，或是否有更好的解決之道，這就是批判性思考。因此，孩子頂嘴未必是不好的，如果孩子可以表明自己的想法，父母必須仔細聆聽，並詢問孩子會那樣思考的原因，雙方再來好好討論。

第三個Ｃ是**合作**（Collaboration）。現在也是如此，但是未來的人類將更難以獨自完成某件事。目前團隊的勢力逐漸擴大，人們也經常提到「融合」這個詞彙。由於我們要解決的問題越來越複雜，單一領域的專家已無法解決問題，因此各領域的專家才會一塊共事，團隊合作也越來越重要。

第四個C是**溝通**（Communication）。想達到良好的合作關係，溝通很重要，同時也需要同理心。技術發展與網際網路的應用，拓寬了關係之間的領域，溝通能力將個人意見與想法有效地與他人共享，這項能力逐漸成為每個人的必備條件，尤其是合作與同理心的部分，兩者亦能體現前面提到的關懷與貢獻的價值。

與未來人才背道而馳的教育文化

你想一想，一整天周旋於補習班、讀教科書到深夜的孩子能有什麼創造力？事實上，一九六八年喬治・蘭德（George Land）和貝絲・賈曼（Beth Jarman）博士進行了一項研究。他們當時收到NASA為選拔研究員而提出的「測試創造力測驗」的研發邀請，研發出創造力測驗題目。該題目一經採用後，對需要雇用創意人才的工作大有助益。

受到此一結論的鼓舞後，他們將測驗運用在兒童上。針對一千六百名、年滿五歲的兒童進行這項創造力測驗，詢問兒童用來夾文件的迴紋針有哪些其他用途；研究團隊後來得出驚人結果。對成年人進行此項測驗時，有百分之二的人創造力達到天才的水準；至於五歲兒童的情況，創造力達到天才水準的數值則高達百分之九十八！孩子因為鮮少使用迴紋針，所以沒有「這個東西必須這樣使用」的既定觀念，看到迴紋針後聯想出無數新奇的點子！

得出如此有趣的結論後，當這些兒童年滿十歲、十五歲時，研究團隊讓他們再次進行相同測驗。究竟有百分之幾的孩子呈現出天才級的水準呢？儘管是同一批兒童，但是時隔五年後，十歲孩子天才水準的數值降至百分之三十，十五歲孩子則降至百分之十二。

年紀越小，孩子越能想出豐富奇特的點子；隨著年紀增長，接受正規教育且升上高年級後，孩子的創意構想無論是數量或新穎程度皆會下降。研究團隊的解讀是，這是因為原本沒有特定框架與界線、能自由想像的孩子，在接受千篇一律的教育後，思想上逐漸產生框架的緣故。孩子被關進某種框架中受教，反而會導致創造力變差，這是很容易理解的事實。

那批判性思考呢？人們常將韓國社會稱作「提問死亡的社會」。只知道依照師長指示儘快解題、在規定時間內答出正確答案的孩子，怎麼可能具備批判性思考的能力呢？答案是選項1的話，孩子有時間去思考「為什麼答案不是選項2」嗎？對於習慣不知道就死記的孩子來說，批判性思考的能力是不可能有所進步的——不，別說進步了，根本是在退步。

整天只知道坐在書桌前苦讀的孩子，難以培養合作精神。某天，身為國中生的外甥這樣說道：「阿姨，最近班上同學都當我是競爭對手，不是朋友。」

聽完後，我的心揪得緊緊的，沒想到孩子竟然會脫口而出這種話。相較於教朋友自己所知道的事、跟朋友分享，孩子們反而認為彼此是相互牽制的，這豈不是令人感到心酸嗎？僅賦予孩子外在動機，以及競爭導向的教育方式，兩者皆會導致這樣的結果。

最後一項「溝通」呢？百依百順地依師長指示照著做、只知道埋首於書堆中解題的孩子，怎麼可能培養溝通技巧？長時間將精力耗費在受教育上，表達自己意見或與他人討論的經驗明顯不足，又怎麼可能在一夕之間培養出溝通技巧呢？

父母耗費金錢、時間盡心盡力地教育孩子，卻造就如此的結果。別說要培育新時代與人工智能共事的人才了，這反而是在抹殺未來所需的能力。父母犧牲自我含辛茹苦地帶孩子，又對孩子緊迫盯人，究竟想達成什麼目標？難道是盡可能灌輸孩子知識嗎？

如今，只要上網搜尋就能查出任何知識，只要孩子感到好奇或是有明確動機，不論是什麼知識，孩子隨時皆能自學。再者，五年、十年過後，現在認真吸收的知識都將成為舊知識。以升學考試為導向的填鴨式教育所栽培出的孩子，年滿二十歲時看起來可能比其他孩子優秀聰明，而且領先比較多，但現在是人人可以活到一百歲的時代，我們必須反省目前的教育方式是否能撐起那一百年。

人生被比喻成海上旅程，孩子必須親自掌舵在海上航行。升學考試能提供自己駕船掌舵航行的能力嗎？與其說升學考試是教你如何培育出一名船長，不如說它只是養育船員的一項作業程序。我們在培育的，是能快狠準地執行船長交辦事項的人，也就是頂尖船員，然而他們卻沒有具備掌握方向、解決問題、開拓人生的船長架勢。

讓孩子盡情玩樂

孩子的生活要充滿樂趣（其實大人如果也能這樣就再好不過了），看到被課業壓榨的孩子實在令人難過。美國孩童放學回家後全都外出玩耍，騎腳踏車、溜滑板、踢球或是到處跑跑跳跳。即便是去補習，大部分也是去上自己喜歡的才藝課。

在兒童發展方面，遊戲的重要性強調數百次也不嫌多。前面說明的培養４Ｃ能力中，也有提到玩遊戲是最佳方法。透過遊戲，可促進創造力與批判性思考能力的發展；懂得跟其他人一起玩樂的孩子，在遊戲過程中也能自然學習溝通能力，並達到合作目的。

針對這方面的能力發展，沒有框架的遊戲就是相當理想的遊戲，像是玩泥巴或是在草叢裡跑來跑去，進行沒有特定指示項目或規則的遊戲。在家將鍋具翻過來、翻過去再敲敲打打，也是沒有既定框架的遊戲。然而，沒有框架的遊戲場地主要都在戶外，大自然就是相當理想的遊戲對象。運用大樹、石頭等物件，或是尋找動物、昆蟲等生物，孩子便能玩得不亦樂乎。孩子們會自由構想遊戲玩法，再一起制訂或修正遊戲規則；偶爾也會因為發生問題而起爭執，然後再一起想出解決辦法。這不僅有助 4C 能力的發展，孩子也會感到趣味十足。

偶爾，會有一些父母對孩子只玩某種遊戲而感到憂心，但比起勉強推孩子一把，根據孩子喜歡的事物加以延伸遊戲玩法，是更好的方式。假如孩子只執著於玩火車，父母可以拿各種火車給孩子看，「這是什麼種類的火車呢？」、「這台火車怎麼發動呢？」，用提問來激發孩子的好奇心。只要放大同一主題，就能再延伸出瞭解火車、探究火車發動原理……等歷史或物理學相關知識。

教導患有學習障礙的孩子時，我們也經常使用這種方法。如果孩子喜歡火車，可以用火車教孩子數數，同時學習運算技巧；如果孩子喜歡復古鐘錶，可以研讀鐘錶歷史，同時學習閱讀技巧。

也有一些父母會在遊戲中添加學習項目，其實不需要這麼做，只要鼓勵孩子盡情去玩自己感到有興趣的遊戲，並協助孩子找到他們覺得有趣的事物就好。請父母多加鼓勵孩子，以便讓孩子在成長過程中自行找尋所關注的事物，並進一步研究——擴充自己所喜愛的事物，就是自主學習的證明。**懂得找到自己好奇的事物並自主學習的孩子，長大成人後也會持續學習並自我反思。**不要覺得只有坐在書桌前才叫讀書，尤其在大腦迅速發育的嬰幼兒時期，最好讓孩子專心地盡情玩樂。

PRACTICE NOTES

會玩的孩子是幸福的孩子

父母最好讓孩子盡情玩樂，現在請仔細想一想，孩子是如何玩耍的呢？

Q：一天下來，孩子自由玩樂的時間有多長？

Q：孩子通常喜歡玩哪些遊戲？

Q：假如孩子只對一種遊戲感興趣，請想一想，可以透過這項遊戲延伸出哪些提問？

PRACTICE NOTES

美國教育界將二十一世紀必備的創造力、批判性思考、合作與溝通能力稱為 4C。請檢視一下，你是否有提供足以讓孩子培養 4C 的環境呢？

Q：請想一想，有哪些遊戲可以培養 4C 能力？

Q：如果孩子將朋友視作競爭對手，會發生什麼狀況？你是否鼓勵孩子跟他人合作呢？

Q：你是否會傾聽孩子說話，讓孩子暢所欲言？

Q：孩子提出莫名其妙的問題時，你的反應是什麼？

Q：你是否會對孩子擺架子，或是譴責孩子，不讓孩子盡情表達意見？

遊戲要好玩，學習也要有意思

讓孩子自主玩樂的方法：P.R.I.D.E

家長當中，特別是爸爸們，有許多人都這樣說：

「我不知道該跟孩子玩什麼才好。」

他們知道玩遊戲很重要，所以要陪孩子一起玩，卻不知道該怎麼做。如果連父母都能一起同樂，對孩子而言，遊戲時間將是加倍幸福的時光。

然而，有些父母卻總是想在陪同孩子玩耍的同時，教孩子一些事。站在父母的立場，遊戲時間好像也要格外有意義才行。可是，遊戲時間玩得盡興，對孩子來說就是最有幫助的。因此，請父母放下試圖透過遊戲來教育孩子的貪念。

那麼，該如何陪孩子玩呢？在親子關係療法中，有項親子互動治療（Parent-Child Interaction Therapy），其中有個讓孩子自主玩樂的技巧，以下取英文單字的第一個字母，將它稱為「P.R.I.D.E」。

・**Praise，讚揚**

・**Reflect，重述**

・Imitate，模仿
・Describe，描述
・Enthusiasm，熱情

也就是說，**稱讚孩子做的事，重述孩子說的話，模仿孩子的行為，如實描述孩子做的事，並熱情地投入親子互動這件事**。

舉例來說，孩子畫了一幅畫，這時如果父母說：「你畫得真漂亮！」話語中帶有評價，因此比起這句話，父母可以先說：「你在畫畫呀？」單純描述事件，並表現出自己有在關注孩子。如果孩子說：「我在這裡畫了一個太陽。」父母可以說：「哦~你在那裡畫了太陽啊？」表現出自己正在聽孩子說話，而且認同孩子說的話，這就是重述。總之非常簡單。

接下來，父母可以說：「那我也想要畫一個太陽。」接著模仿孩子的行為。雖然不常見，但有些容易感到不安的孩子也許不樂意父母過於仔細關注他們。不過，由於孩子必須經常遵照大人或父母的指示，因此當父母或大人願意傾聽自己說的話，並且表達出「我也想試試看」的意願，多數的孩子會感到非常開心。當父母模仿孩子的行為時，孩子甚至會覺得有些得意呢！

假如孩子將太陽塗成綠色，你可以描述這件事：「太陽是綠色的呀？真是創新的點子。」假如你說「太陽應該要塗成黃色或橘色才對」，那是在指導孩子，但在這個情境下不需要這麼做——請不要糾正對或錯，只要理解孩子、給予肯定就好。有句話說，當你成為編輯時，就不可能同時成為創作者。**當孩子在創作時，別讓他們成為一個還要不停校對的編輯。**

想跟孩子一起互動時，透過描述便能輕鬆達成。如果孩子在畫一座山，父母只要說「那裡有一座山」即可，是不是很簡單呢？孩子拿著玩具玩時也一樣。孩子拿著人偶和恐龍對決時，父母可以說：「恐龍來了，恐龍正在跟人類單挑呀？」就像進行現場直播一樣。沒必要全程直播，只要描述出你看得津津有味的感覺就可以了。

此做法不用大費周章就能辦到。父母上班一整天後回到家，已經累到沒有精力認真陪孩子玩，但如實描述孩子遊戲的情境就沒那麼困難了。如果還有體力的話，熱情參與孩子的遊戲當然會更好。

這五項不用逐一背誦，只要懂得給予肯定和傾聽，自然就會重述孩子說的話與行為，並描述親子的互動過程。重要的是，向孩子傳達父母正在關注自己的感覺。

治療孩子時我也經常使用這個方法。孩子們見到我這位陌生醫師時會試圖逃避或不理會我，這時如果善用 P.R.I.D.E 技巧跟孩子一同玩耍，孩子在不知不覺間便會對我卸下心防。

比起帶有目的性地干涉孩子，父母若能遵循孩子的行為，並實踐 P.R.I.D.E 技巧，多數孩子將會敞開心房，享受這段親子互動時光。難過的是，父母在玩樂時往往試圖教育孩子，因此鮮少有孩子能得到父母無條件的關注。

學習也要有意思才行

對許多孩子來說，學習就像工作（從這一點來看，這幾乎達到剝削童工的程度了）。只要孩子說讀書很無聊，父母就會這樣說：

「生活怎麼可能只有好玩的事？誰會覺得讀書很有趣？無趣也要硬著頭皮讀下去。」

其實這是錯誤觀念。**瞭解新事物本來就是有趣的事，因此讀書也要讀得有意思才行。**

但是，一旦叫孩子讀書變得像在指派工作一樣，讀書的興致也就告吹了。認為讀書跟工作一樣的孩子會討厭讀書，就算是為了考試而勉強讀書，一旦考完了，連書都不肯看一眼，徹底對讀書感到厭煩。父母千萬別破壞孩子對學習的興趣。

懂得尋找自己關注事物並因而感到有趣的孩子，會持續鑽研、學習有趣的事，然後一邊學習、一邊成長，這就是自主學習，擁有好奇心就是孩子渴望學習的動機。

有些家長會問，如果孩子只有喜歡的科目考得好，其他科目讀不來，那該怎麼辦？然而，每個科目成績達到平均之上的時代已經結束了，因此這也不是什麼壞事。

父母要一直鼓勵孩子找尋好奇的事物：「這是怎麼做的？這個為什麼會這樣？這個人是怎麼辦到的？」

孔子曾說過這句話：「知之者不如好之者，好之者不如樂之者。」聖經中，所羅門也曾說過類似的話：「故此，我見人莫強如在他經營的事上喜樂。」（傳道書第3章22節）賢者們早已明瞭做事要快樂的價值。

如果發現孩子在念書方面有天賦，父母會很開心，並盡全力將孩子送去教育英才的補習班。但從某一天起，孩子開始討厭讀書，這也是常見的現象。尤其是年幼時乖乖聽話、不敢違背父母的孩子，一旦升上國中，越有可能會對讀書感到反感。

孩子也許會納悶「學習哪裡有趣了」，然而，讀書這件事本來就是有趣的。

什麼是學習？學習就是認識知識後再加以熟悉。因為想煮某一道料理，於是上網搜尋料理做法，這是學習。這樣學習是十分有趣的事，學起來後自己下廚，過程會令人感到開心且激動。如果成品美味，不僅會覺得成就感十足，也會讓人更躍躍欲試。自己渴望深入瞭解、想要追求進步，這也是學習。然而，當前以升學考試為導向的教育模式與填鴨式教育等課業比重過量，一概扼殺了學習的魅力。

因父母說「你一定要讀」而讀的孩子，表面上看起來很用功，但多半也只是乖乖順從父母說的話，把讀書當成工作一樣。這樣下去的話，隨著青春期到來，孩子的課業壓力越來越大，親子關係也會漸趨惡化。因此，請告訴孩子，去做自己喜歡做的事也無妨。如同我前面一再強調的，**勉強灌輸太多知識的話，長期來看，失去的將會比得到的多。**

讓讀書變成玩遊戲

如果想養出能終身自主學習的孩子，有一點是我想強調的，那就是要讓閱讀書籍變成有趣的事。每個人都知道閱讀書籍是最有效的學習方法，每個父母都希望孩子跟書密不可分，卻有許多父母釀下把閱讀書籍變成苦讀的大錯。然而，應該讓讀書變成玩遊戲才對，這稱為**「讀書遊戲法」**。

讓孩子從小養成讀書很好玩的觀念很重要，那該怎麼做呢？很簡單，給孩子看他喜歡的內容。不是給孩子看父母想讓他看的內容，而是讓孩子看他感興趣的書。該如何知道孩子有哪些感興趣的事物呢？我強烈建議父母跟孩子一起去一趟圖書館或書店。

最重要的是，父母要成為孩子的榜樣。父母一直盯著電視或手機看，卻要求孩子跟書形影不離，那是自相矛盾的事，而且也不可能成真。父母的人生還有五十至六十年，因此父母也必須一起讀書，陪同孩子學習與成長。父母也一樣，只要讀自己感興趣的書就好。如果對下廚有興趣，看料理食譜即可；如果對旅行有興趣，看旅遊書即可。假如不清楚自己對什麼感興趣，可以前往圖書館一覽展示書目，看一看究竟是哪些書籍吸引了自己的目光。來到圖書館，通常孩子一翻開書，找到某個感興趣的內容後就會埋首其中。只要把孩子帶到圖書館，父母就不需要煞費苦心了。如果孩子專注於某一本書，父母可以詢問孩子那是什麼書，對此表示關心，並傾聽孩子的想法。孩子可能翻閱二、三個章節後就去看下一本書，那也沒關係，這不過是孩子尋找自己興趣的過程罷了。

去書店也是，請帶孩子去童書專區，如此一來，孩子便會東翻西找，找出自己覺得有趣的書。就是這麼簡單，只要父母騰出時間就能辦到。

接著要推薦的是睡前儀式，這在西方社會極其常見。在擁有跟韓國教育與生活水準相當的西方國家，常以親子共讀作為睡前儀式的結尾。提到睡前唸故事給孩子聽這件事，許多人會認為這樣必須買一大堆書，但其實不需要。在圖書館發現孩子對某類書籍感興趣的話，就借滿一星期的閱讀份量。假如家裡經常擺滿各種書籍，反而有可能無法感受到孩子對書的興趣。到圖書館借五本書回家，再將書保留在家中一週，更能看出孩子對書的興趣。

雖然不建議用太多規定對孩子施壓，但有適當的生活規範也是好事，再說，好習慣可以改變人生，不是嗎？父母可以讓孩子從小養成良好的生活常規。

尤其是睡前儀式，不僅有益身體健康，對精神也有助益。就寢前可以跟孩子一塊躺著，也可以坐在床邊。請孩子自己挑一本喜歡的書拿過來給你，再一起共讀。如果孩子年紀還小，可以只看插圖，由父母朗讀故事內容即可。孩子年紀稍長後，也可以由孩子唸給父母聽。睡前共讀沒有既定的原則，只不過孩子可能不睡覺，想要一直看故事書，因此建議父母訂出共讀時間。

親子共讀時間是親情時光、趣味時光，向孩子灌輸這樣的認知很重要。如同前文所述，希望父母別將「要在時間內學到東西」的負擔，強加在共讀時間上。比起逐一校正孩子讀不好的部分，更重要的是，平心靜氣地閱讀，並且瞭解故事的整體性。跟美國朋友聊天時，他們都說小時候睡前跟父母共讀的記憶相當溫馨，至今依然珍藏著那段回憶。親子共讀既不花錢，也不用耗費太多時間，請父母一定要試試看。

為孩子建立「書是有趣的、書會為你帶來美好感受」的認知，從那一刻起，孩子將會懂得自己拾起一本書。不過，一段時間過後，孩子可能會對書感到乏味無趣，或是孩子可能會對網路或電玩感到更有興趣，那也沒關係。因為孩子已經對書抱持正向認知與美好感受，當他們對某項事物產生好奇心，想進一步探索時，無論何時，孩子都會再次投入書的懷抱。在書的陪伴下自主學習的孩子，往後八十年的成年人生活一定也會過得多采多姿。

PRACTICE NOTES

實踐由孩子主導的親子互動 P.R.I.D.E 技巧

無論是遊戲還是讀書，都要具備趣味性。為了讓孩子能夠自主學習與成長，請父母確實實踐 P.R.I.D.E 五項技巧。

Q：你如何讚美孩子的行為？

Q：你如何重述孩子說的話？

Q：你如何模仿孩子的行為？

Q：你如何描述孩子的行為？

Q：請想想，你平時如何熱情回應孩子的話語和行為？

遊戲時間玩得盡興，
對孩子來說是最有幫助的。
因此，請父母放下
試圖透過遊戲來教育孩子的貪念。

一
如何養出不怕失敗的孩子

失敗就說「這輩子毀了」的孩子

盼望子女過得幸福的同時，父母們也抱有以下期待：

「希望我的孩子不論遭遇什麼考驗都不會被擊垮，就算被擊垮，也能重新站起來。」

正在讀這本書的各位，一定也抱持著這樣的心境。回顧父母自己的人生，總會領悟到撐過考驗並從失敗中爬起來的力量，在人生中是格外重要的一件事：「只要發生任何事，我就會被那件事影響，實在苦不堪言，所以我很希望養出心智堅定的孩子。」

懷著一顆玻璃心要活在世界上並不容易，因此希望孩子擁有一顆強韌的心，是父母的心願。

但現實又如何呢？父母不希望孩子跌倒，於是往後的二十年為了不讓孩子跌倒而百般呵護。父母不斷向孩子灌輸「不可以失敗」、「不可以犯錯」的觀念，而抱持此一觀念長大的孩子，會認為自己頭一次出差錯就表示「這輩子毀了」，二十歲考試失利或挑戰失敗，便做出自己人生就此崩塌了的結論。

明明還要再活八十年，卻認為二十歲時摔了一跤就會毀掉一生，甚至有十幾歲的學生覺得期中考一旦失利，一生就毀了。這樣的孩子長大後駕駛自己的船隻出航，一旦觸礁後就會猶如人生就此劃下句點一樣，大受打擊。

不管父母再怎麼渴望呵護孩子，送船遠行後，就不能奢望萬事風調雨順，因為那是不可能的事；不會一直都是晴空萬里的好天氣，人生也不會只有好事，有時暴風雨來襲，有時被石頭絆倒，孩子也會因此長大，變得越來越成熟。所以，與其盼望孩子不要遇到任何考驗，父母真正要做的，是培養孩子遇到考驗也能勇往直前、戰勝考驗的力量。如此一來，孩子才能乘船邁向世界遠行。

不會跌倒，就不知如何站起來

即使跌倒，孩子也沒有跌坐在地，而是重新站起來，這股力量稱為「心理韌性」（Resilience）。跌倒了再站起來，那股力量就像橡皮筋或彈簧的彈性一樣，會回到原位。不只是孩子，連父母也渴望擁有這股力量。

要如何教孩子跌倒了再站起來？當然要先跌倒過，才能教孩子如何站起來。孩子不曾跌倒過，要怎麼教他站起來？

什麼樣的人跌倒了也能安然無恙地站起來呢？如前文所提，核心信念健全且正向的人，認為「我是很不錯的人，世界很美好，人生值得活下去」的人，更容易重新站起來；認為「我是備受疼愛的人，我具有絕對存在價值」的孩子，更容易重新站起來——這也跟正向心態的觀念相通，即使跌倒了，心態正向的孩子也不會覺得一切毀了，而是相信人生依然存在著希望。領悟這個道理的孩子，就能順利站起來。

有對父母坦言，孩子想競選學生會長，可是仔細觀察後，當選率看起來偏低，於是他們暗自勸退孩子。但聽完我的演講後，他們意識到這麼做是在向孩子傳遞「不要挑戰任何可能會失敗的事」的訊息，於是他們改變心態，決定鼓勵孩子下一屆選舉（與能否當選無關）再挑戰看看。

由於年幼時所犯下的錯，孩子還足以承擔後果，因此越是年幼，越應該多方體驗跌倒再站起來的經歷。任何人都會犯錯，也有可能遭遇失敗，但即使如此，我們也要明白這不是世界末日，人生也不會就此毀滅。父母必須先抱持這樣的想法才行，當你想對孩子說「不可以犯錯，不可以失敗」的時候，請改口說「犯錯或失敗的同時，我們也會學到新事物，並且從中得到成長的機會」。

試想，抱著絕對不失敗的想法生活一百年，那要多麼小心翼翼？必須盡可能避開一切有風險的事，如果不是自己能萬無一失處理好的事，就不去做……然而，將我們二十年來所學的一切用在往後的八十年是不可能的事，世界瞬息萬變，我們必須持續學習、不斷成長才行。學習新事物並從中成長的過程，豈有可能零失誤、零失敗呢？

想想看，父母向孩子提議：「要不要去學跆拳道？」孩子回答：「我好像不擅長跆拳道，所以不想去。」不會跆拳道才要去學，不是嗎？試圖逃避失敗的人也會逃避學習新事物，這樣下去永遠無法成長。

我要介紹喜愛的作家葛瑞格・麥基昂（Greg McKeown）在《努力，但不費力》（*Effortless Make It Easier to Do What Matters Most*）一書中所分享的故事。他有一位擔任西班牙語老師的朋友曾說過，想要學習新語言，只要這麼做就行了。在一個布袋裡放一千顆珠子，每犯錯一次就從中取出一顆，當一千顆珠子都取出來時，該語言也精熟到某種程度了。

經由犯錯，我們學習並成長，我們要試著不斷犯錯，要相信只要經常犯錯就會成功，這麼做會更好。愛迪生發明燈泡時也經常失敗，有人問他：「明明一直失敗，為什麼還要繼續試？」

愛迪生這樣回答：「我從來沒有失敗，我只是找到一萬種行不通的方法而已。」知道行不通的一萬種方法，所以才能嘗試第一萬零一次的不同做法。**千萬不能覺得失敗就代表輸掉一切、喪失了一切，失敗是一種收穫。**若是要求自己不可以失敗，那等同是將自己侷限在非常狹隘的範圍中。請父母們想一想，自己肯定有許多明明想做卻因為害怕失敗、害怕不順利，以至於遲遲無法嘗試的事，這麼想的話，什麼事都做不了。

現在的我在開始進行一件新事物時，會**將失誤與失敗視作理所當然的事**，並在這樣的想法中著手進行這件事。一開始拍攝 YouTube 影片時，我也是抱持「當然會經常失誤」、「當然有可能會拍到許多令人難為情的畫面」的心態開始的。不曾失敗就不可能成長，只能一直做跟往常一樣的事，還有自己目前擅長的事。如果希望自己多少有些成長，就必須勇往直前，別害怕失敗。

鼓勵失敗

美國有位女性名叫莎拉·布雷克里（Sara Blakely），她白手起家創辦 Spanx 內衣品牌，是當時少數幾位身價破億的成功女性，有人問她成功的祕訣是什麼，她提及餐桌教育。週末一家人齊聚一堂用餐時，父親經常問她這星期有什麼失敗的事，她從小聽這句話長大，因此對「原來要經常失敗」有根深柢固的認知。

這句話不是要她故意失敗，而是指如果要經歷失敗，就要挑戰某件事。舉例來說，她若說「我騎腳踏車要去某個地方但路上跌倒了」、「游泳想游到某段距離，但沒成功」、「想用鋼琴彈一首曲子，可是彈不好」，父親會告訴她「你實際挑戰過，也努力過了，做得好」並為此感到欣慰。孩子從事某件有難度的事，儘管挫敗，依然能得到父母的讚許，因此我建議親子可以每週分享自己的失敗經驗。

「我邀轉學來的同學一起玩，對方說不要，沒成功交到新朋友。」

「這樣啊？你一定覺得很難過。雖然鼓起勇氣詢問朋友，但還是有可能被拒絕，不是嗎？邀朋友一起玩時，對方當然有可能不想玩。被拒絕難免會感到尷尬，不過至少你嘗試過了，很棒喔！可以下次再問問看。」

父母也要侃侃而談自己的失敗經驗：「媽媽以前烤蛋糕，結果不小心烤成了發糕，哈哈哈。」

不要覺得失敗是壞事，我反而鼓勵大家失敗。納爾遜．曼德拉（Nelson Mandela）曾說過一句話：**「我從未失敗。我要不是勝利，就是學到東西。」**

二〇一四年索契冬季奧林匹克運動會時，韓國選手金妍兒摘下銀牌，跟金牌擦身而過，當時的判決結果引發爭議，許多人都為此感到遺憾，儘管金妍兒也是一位內心強大的人，但她可能也覺得既難過又煎熬。然而，她說當時收到了父親的道賀訊息，而不是慰問。父親告訴她：「表現得很好，你盡力了，恭喜你。」摘下銀牌不代表失敗，她的父親反而對令人感到惋惜的賽後結果給予祝賀。像金妍兒的例子一樣，當孩子無法順利達成某件事時，父母的反應尤為重要。

「無論是什麼事，學習新事物皆非易事，所以失敗的過程中才會學到更多東西。」父母必須抱持這個觀念，也要這樣告訴孩子，並說：「比起結果是否成功，去做某件事本身就是勇氣可嘉了，許多人害怕做不好而不敢行動，至少你嘗試過了。」

一口大小的失敗

有句話說「一口大小的失敗」（Bite-sized Failure），意指可以咕嚕一口吞下的失敗。對孩子來說，失敗幾乎都是一口的大小。騎腳踏車途中跌倒，或練習拿筷子時食物掉落，都不是什麼大事，這樣的失敗反而經歷越多越好。**我們必須多方試吃各種一口大小的失敗，並練習吞掉它。**

許多人認為失敗就是輸了，失敗等於浪費時間，失敗代表有所損失。但是，所謂的失敗不是失去或挫敗，而是成長必經之路。一味逃避失敗的孩子是無法成長茁壯的。如果希望孩子站在世界的舞台上一展長才，失敗也無妨，父母反而要教孩子去嘗試失敗。抱有此心態的孩子，即使挫敗也不會被擊垮，或就此一蹶不振。

跌倒再站起來，會領悟到「原以為失敗就完蛋了，但其實不然」的道理。有失敗經驗的孩子復原力會不斷增強，並會產生自信。當然，還必須有父母無條件的愛與絕對存在價值作為一切的基礎，否則一再失敗的話，不但會怪罪自己，也會變得越來越沒自信。父母教育孩子時確實執行教養的基本原則——炊飯技巧，並以此為基礎，讓孩子時常經歷一口大小的失敗，如此一來，孩子會越來越有自信，也會明白**任何狀況都有好的一面與壞的一面，並會在跌倒的同時學會新事物。**

假使孩子一直失敗而大受打擊，請父母先同理孩子的處境：

「事情不順利讓你很難過吧？媽媽也有這樣的經驗，這件事真的不易達成，不過接連失敗的同時，我們也會一點一滴慢慢進步。」

教孩子騎腳踏車時，比起對孩子耳提面命，小心不要跌倒，更建議說：「騎腳踏車有可能會跌倒，爸爸也是過來人，雖然跌倒有些痛，但是拍一拍再站起來就好，摔個幾次就會騎了。」這麼一來，孩子會知道「就算跌倒也沒關係」，因此請告訴孩子：「就算你跌倒了，爸爸也會在這裡陪著你，扶你起來，所以不要緊。」這麼做的話，就算孩子跌倒了，也不會覺得「為什麼我笨手笨腳？」而是清楚知道：「對了～爸爸說過大家都會跌倒，那是學習的歷程，真的是這樣呢！」

養出經由失敗而成長的孩子

從失敗中學習，意味著你知道自己可以承受失敗，而且你也知道自己可以在失敗中有所收穫。我之所以能自信滿滿地說出這句話，是因為我也經歷過種種失敗。我在精神科住院醫師的考試中落榜，知道這個消息的時候，人在手術室裡當助手的我難過得眼淚都要流出來。

如果沒考上住院醫師，大多數的人會選擇一邊重修一邊兼職，但我選擇前往美國。身無分文也沒有任何規劃，又不會講英文，同事們成為住院醫師後開始工作賺錢的同時，我卻在異國他鄉窮困潦倒地吃著熱狗，準備重考。

直到兩年後，我才正式成為美國當地的住院醫生，整整比同事們晚了兩年，但是經歷過後才知道，那兩年我真的成長了不少，曾在異國生活、當過少數族群、連話都說不好，甚至變成窮光蛋。即使在這樣的情況下，我依然存活下來，而且也體驗過意想不到的經驗，這種種促使我冒出這樣的想法：「儘管人生慘敗，無法成就我夢寐以求的事，但那也不代表我失去了什麼。我不是失去兩年的光陰，那段時間我不僅收穫良多，也有所成長。」

二〇一七年，更大的考驗找上了我。某天我突然無緣無故感到身體不適，二、三個月過後，更是連坐都坐不好。光是診斷出原因就花了我六個月的時間，由於治療過程不太順利，導致我嘗試了各式各樣的治療法，度過艱辛的一年半。那段期間沒辦法上班，我甚至覺得人生可能已經走到了盡頭，感到徹底絕望，幾乎每天以淚洗面。

不過，現在回顧當時，那時竟是我突飛猛進的時期，說不定正是因為經歷過那段過程，才會有今天的我；正是因為經歷過那段過程，我才知道「自己」是最重要的，而且我必須好好照顧自己。在那之前，身為教授、醫師的我實在太忙碌了，以至於不曾好好照顧自己。

直到一切化為烏有、躺著爬不起來之時，我才開始更深切地反省自己，思考我究竟為何而活，我活著的意義是什麼。那時我開始寫書，並且出了一本名為《順從自己的心》的書。假使沒有遭遇那樣的挫折，我也許就只能好好當個教授和醫師，沒辦法更加探索、瞭解自我，也無法尋覓人生的意義，更不會像現在一樣，渴望過著對他人有所貢獻的人生。

有句話說：「如果生命給你一顆檸檬，你就把它做成檸檬汁。」（If life gives you lemons, make lemonade.）檸檬又酸又澀，不方便直接食用。如果將人生比喻作檸檬，我們可以對人生又擠又榨，再放些砂糖，將它做成檸檬汁，藉此取代「為什麼要給我這種考驗」的想法。無論是誰，都會遇到考驗、悲傷或挫折，而具有心理韌性的人，無論碰到什麼事都不會被擊垮，反而會將考驗當作機會，讓自己有所成長。

如果你想養出這樣的孩子，就要從小好好加以教育。身教重於言教，父母以身作則才是最佳的教育方式。我的父母親只有國中畢業，而且身無分文，待過製衣廠，也做過生意，但是經常失利。儘管如此，他們仍然將經商失敗所剩的物料拿到街上低價販售，沒有因此倒下。看著他們，我也學到許多，「經歷挫折時，比起一蹶不振，更重要的是重新站起來再做些什麼」的觀念，深植在我的腦海中。父母的影響如此深遠，如果父母能展現出這般心態，孩子必將全盤吸收。

認為失敗就毀了的人難以大幅成長，身為一名精神科醫師，我深知一個人的想法所引領的方向與力量有多麼大。僅僅因為一次性的失敗便認為人生就此毀了的人，縱使身邊有調製檸檬汁的每樣材料，他們也看不到；只有認為用酸澀檸檬能調出檸檬汁的人，才看得到砂糖的存在。請培養孩子看得見隱形砂糖的眼光，有志者事竟成，只要放眼觀察，就會看見出路。

PRACTICE NOTES

不怕失敗的孩子

開始向世界踏出第一步的孩子隨時可能失敗，不怕失敗的孩子在挫敗中也會有所成長，並能發現自己的價值。請想一想，孩子曾經歷過哪些失敗呢？

Q：上週孩子經歷過哪些失敗，或是犯下什麼過錯？

Q：對此你有何反應？

Q：經由失敗或犯錯，孩子學到什麼教訓？

Q：這週孩子有練習新事物嗎？你會鼓勵孩子嘗試失敗，還是避免失敗呢？

學會感恩的孩子，更能戰勝挫折

讓孩子改變思考迴路

只要遇到困境，人類總會想到最糟的情況。為了存活下去、設想最糟的情況並加以防範，是人類的生存本能。**自動化思考（Automatic Thoughts）是人類在無意識下所冒出的思考模式，它大致上是負面的。**以住在洞窟裡的原始人聽見「咚」的一聲為例，他可能會猜想石頭墜落下來，卻不知道之後會發生什麼事；也可能猜測外頭有猛獸，故必須採取行動。

當今社會少有過於危險或需要啟動生存本能的事件，但我們依舊會想到最糟的情況，並為此感到惶恐不安。孩子通常會安然無恙地長大，只有少數孩子真的需要大人擔心。即使如此，父母們還是會害怕「孩子可能變成最差勁的」而感到不安，這種心態就像原始人一樣，日子要這樣過當然會覺得疲累不堪。為了轉換這種思考模式，我提出的辦法是「感謝技巧」。

一旦自動化思考開始作用，每件事都會似乎變得不順利。如果大腦中的負面思考迴路開始運作，想脫離該迴路是非常吃力的，因此必須切斷該迴路，接往另一條迴路——而這一條迴路，便是「感謝」迴路。

舉例來說，假設孩子一直耍賴不聽話。父母會擔心孩子變得越來越懶散，甚至常常唱反調，而這種令人感到不安的預感往往會越來越強烈，但也沒有解決的方案，反而只是針對孩子施加壓力，加深親子之間的隔閡——這時，就要將能量的方向轉換至「感謝」。就算孩子那副模樣令人生氣，使父母想不起來該感謝什麼，也得花點力氣感謝才行——「幸好孩子依然平安健康，幸好一家人和樂融融，幸好我還有一份工作」，父母要像這樣想出值得感謝的事。

生病那段時期，我經常一大早就感到劇烈頭痛，覺得「今天一整天又會因為頭痛而浪費掉，現在什麼事都做不了」，一想到就不禁潸然淚下，感到委屈茫然，頭又更痛了。人會覺得今天又浪費掉了、心裡感到越來越難過，都是自動化思考使然，這時要懂得感謝。於是我好好地學習了感謝技巧，然後時時自我練習。

想不到該感謝什麼時，先進行分類是很有幫助的。感謝對象可以是自己，是他人，是自己所持有的物件，甚至是自己的經驗；請劃分好類型之後，再逐一想想看。

以我為例，身邊有照顧我的家人，還有會請我好好休息的主管，我也很感謝正值新婚七個月的當時，我並不是一個人。縱使是劇烈頭疼的日子，我也會要求自己想一想值得感謝的事，像這樣試圖讓自己思考，會意外發現許多值得感謝的事。**經常練習感謝，就會像自動化思考一樣，自動去想起該感謝的事。**

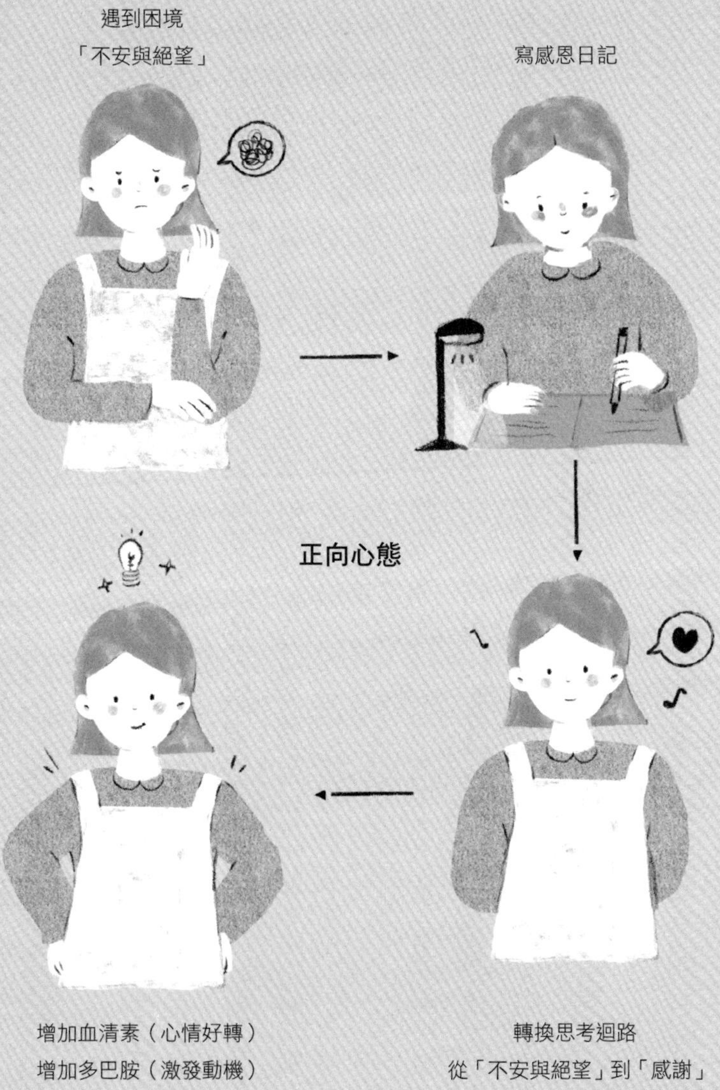
遇到困境
「不安與絕望」
寫感恩日記
正向心態
轉換思考迴路
從「不安與絕望」到「感謝」
增加血清素（心情好轉）
增加多巴胺（激發動機）

如果你想再更努力的話，也可以寫感恩日記，只要每天花五到十分鐘即可。**從「完蛋了」轉變為「謝謝」的那一瞬間，腦海中的思考迴路就改變了。**

下視丘是大腦中的一個部位，負責代謝與調節功能。當思考迴路轉變為感謝後，會活化下視丘，不僅能讓身體變得輕盈、呼吸變得協調，也會全面調節血壓、睡眠、食欲等身體功能；此外，還會增加血清素與多巴胺這兩種神經傳導物質。血清素是使用抗憂鬱藥物時會提升的神經傳導物質，只要提升血清素，心情大致上就會好轉。多巴胺是激發動機的神經傳導物質，當大腦分泌出多巴胺時，我們會覺得像是得到獎勵，藉以激發出想要再從事某行為的動機。

只要付出努力感謝，身體和心靈就會有所轉變。即使身處在看似沒有什麼事值得感謝的艱辛環境中，改變自身想法，迴路就會轉向正面積極的方向。如此一來，我們便會萌生去做某件事的動機。事實上，有項實驗將患有慢性疾病的人分成三組，並請A組寫感恩日記，B組寫令人感到生氣的事，C組則是寫一般的日記。被病魔纏身的當下要心懷感恩並不容易，但研究團隊仍請A組寫下任何值得感謝的小事。十週後檢查時，跟其他組別相比，寫感恩日記的A組對生活抱有更多希望，對人生也感到更加滿意，就連去醫院回診的次數也減少了（Emmons & McCullough 2003）。

另一項實驗也顯示，連續三個月寫感恩日記來訓練大腦的人，更容易活化感謝迴路。

（Kini et al, 2015）讓我們一起改變思考迴路吧！只要經常練習，就會慢慢看到更多值得感謝的事，而用心的人將看見更多值得感謝的事。一開始要絞盡腦汁才說得出感謝的話，不過只要持之以恆地練習，自然就會脫口而出了。感謝的力量究竟有多強大，只有試過的人才會明白。

積極之人與消極之人的差異

感謝技巧跟正面心態是相通的。世上的每件事都有好的一面與壞的一面，假如你不太清楚這一點，我想請你試著養成感恩的習慣，如此一來，你便會開始注意到任何事的好的一面。**感謝也跟心理韌性有關聯，懂得感恩的孩子會感激困境，也會感謝瑣碎的小事，**當考驗來臨時，這樣的孩子不會因此挫敗，因為心態早已習慣感謝了。

就算大學升學考試落榜，孩子也會感激地說：「至少身邊還有處處為我著想的父母。」而大腦也會大量分泌血清素與多巴胺，使心情愉悅起來，進而產生想嘗試其他事物的念頭。達到激發動機的目的後，就能再次挑戰並重新開始。

其實，**正向心態、感謝技巧與心理韌性是一脈相承的。**正向心態和心理韌性屬於偏抽象的概念，感謝技巧則是我親身實踐的具體方法，只要好好實踐感謝技巧，其他的自然會隨之而來。

每當發生令人憤怒或感到委屈的事情時，你會深陷在那樣的情緒之中？還是會掙脫它呢？如果想要掙脫它，關鍵就在於感謝技巧，舉例來說，如果受委屈，我會想「不要一整天感到鬱鬱寡歡」，並感謝「幸好事情收尾收得不算差，現在總算看清那個人了，以後不會再受氣了」，這麼做的話，心情就會舒坦許多哦！

成功人士的感謝習慣

成功人士、成就非凡且對他人帶來正面影響的人當中，大部分的人都有感謝的習慣。世界上有兩種人，一種是認為自己能達到今日成就都是拜眾人所賜的人；另一種是認為自己身邊全是怪人，唯有自己倖存，或是別人在玩樂時，只有自己認真工作才有今日成就的人。前者認為自己是因為運氣好與受惠於他人才會成功，心存感激之餘，這類型的人認為自己也須對他人有所貢獻，因此會有更多發展的機會。相反地，後者一心只想守護自己努力達到的成就，以至於得不到更多成長的機會，甚至失去原本所擁有的。

我們要培養出像前者一樣的孩子，教導孩子世界上沒有人能獨立成長、獨自順利發展的觀念。不論是直接或間接，我們每個人都會受到他人的影響，也會接受他人的幫助。

不知感恩的孩子認為自己得到的一切是應該的，明明跟他人擁有的一樣多，卻會認為實質價值偏低，而且父母關愛自己並提供舒適環境也是理所當然的，不僅如此，這類型的孩子會執著於自己所缺乏的部分，並且抱怨自己為何得不到。

歐普拉．溫芙蕾（Oprah Gail Winfrey）、比爾．柯林頓（Bill Clinton）、理查．布蘭森（Richard Branson）*、提摩西．費里斯（Timothy Ferriss）**等成功人士，幾乎都有透過冥想表達感謝或寫感恩日記的習慣。在西方社會，人們很早就開始研究感謝的力量，因而廣為人知。許多知名人士甚至有私人教練，教導他們該如何感恩。感恩的方法並不難，我們也可以從現在開始學習。

＊英國億萬富翁。

＊＊美國企業家，著有《一週工作4小時》（*The 4-Hour Workweek*）、《人生勝利聖經》（*Tools of Titans*）等書。

世上沒有理所當然的事

我曾訪問過前面提到的《紐約時報》暢銷書作家葛瑞格．麥基昂，採訪結束時，我對他說：「請對韓國讀者說一句話。」而他的回覆使我非常震驚。他說喜歡韓國，也曾造訪韓國，表達出他對韓國的喜愛，卻說道：「如果人們能更懂得感恩就好了。」

韓國有許多傑出人才，也有先進的技術能力。在經濟方面，GDP在全球規模中排名第十，是實力相對雄厚的國家。然而，缺乏感恩的心是他親身所感受到的。假如少了感恩的心，目前所擁有的一切其價值也會逐漸縮水，人們會認為自己所擁有的一切不是一回事，或是認為一切都是理所當然的。相反地，如果懂得感恩，我們會覺得目前擁有的一切更有價值，如此一來，也會感到加倍幸福。

葛瑞格．麥基昂強調不能只是表面上的感謝，而是要徹底的感激（Radical Gratitude）。某天，麥基昂的十多歲女兒突然抽搐，半邊身體麻痺，認知功能也隨之變差，光是寫出自己的名字就要花上數分鐘。雖然跑了好幾間醫院，卻查不出確切的病因或治療方式。孩子生病是為人父母可能會經歷的悲痛窘況，程度僅次於失去孩子。儘管葛瑞格．麥基昂夫婦為此感到難受，但他們仍決定重新振作起來，並心存感激：「感謝女兒還活著，跟我們一塊用餐，感謝女兒陪我們一起彈奏鋼琴、哼唱歌曲。」

這明明是讓人充滿怨懟、充滿絕望、難以表達謝意的處境——在這樣的情況中找到值得感謝的事，這就是他所謂的「徹底的感激」。他如此看重感謝的行為，甚至連想要對我們說的話，都是「如果人們能更懂得感恩就好了」。擁有得再多，若是缺乏感恩的心，也難以得到幸福。不懂得感謝的人難以擁有正向積極的心態；懂得感謝自己擁有的一切的人，才會一點一滴成長，越來越幸福。

如果孩子拿著六十分的考卷回家，肯定有許多家庭會掀起家庭革命，我的外甥甚至數學曾經只考三十分。不管是六十分還是三十分，父母應該關注哪些重點呢？

「該怎麼辦才好，你打算怎麼讀書？看來要找老師補習了。」若只像這樣在乎要如何提高分數，將會遺忘孩子身體健康、一家人和睦相處的幸福感。家人健康、家庭和諧才是更重要的事，不是嗎？但人們往往遺忘重要的事，然後為了不重要的事拚死拚活。

孩子身體健康、一家人永遠在一起、今晚一起享用晚餐、一塊去公園玩……等，世上沒有理所當然的事，如果我們能開始對平凡的事表達謝意，平凡的事當中便會產生意義，而孩子也會感受到其中的差異，覺得自己得到了祝福，如此一來，不論是孩子還是父母，將會明白考試考三十分並不是什麼天大的壞事，而且一家人幸福地相親相愛，更是跟成績一點關係也沒有。為了積極看待人生、幸福過生活，請全家人一起練習感謝技巧吧！

全家一起執行的感謝技巧

如前所述，如果能將感謝技巧分門別類，有利於想出好的例子；而且相較於只停留在想像的層面，寫在紙上會更理想。

將紙張分成四等分，再分別針對我、他人、物質、經驗，寫下想要感謝的事。有趣的是，如果請人們寫下要感謝的事，反而比較容易寫出對他人的感謝，這是因為我們習慣向他人道一聲「謝謝」。然而，對自己表達謝意也相當重要：

「在這樣的處境下也撐下去了，做得好，謝謝。」

「你現在既要工作，又要照顧孩子，真是辛苦了，這真的不是一般人能做到的，能做到這樣的程度你真的很了不起，謝謝。」

對物質表達謝意也不難：

「至少有房子可以住，還有這些東西可以用。」

此外，也可以對經驗表達謝意，甚至可以對不好的經驗致謝，因為我們能從不好的經驗中得到收穫：

感謝技巧

針對自己	針對他人
針對物質	針對經驗

「雖然生病了，但是這讓我有時間可以好好休息。」

「雖然新冠肺炎讓大家吃盡苦頭，但是多虧了它，一家人共處的時間變多了。」

即使沒有發生什麼事，也要說：「今天早上喝了一杯咖啡，心情非常愉悅，幸虧有那段時光」、「今天天空美極了，能感受到這樣的大自然，我很感激。」

我會不會說得太過於理想了？你是不是覺得「哪有人會這樣過日子」？其實，在美國文化中，經常可以找到將感謝融入生活中的人，當我說這句話時，大家都是點頭如搗蒜，而不是對此提出質疑。希望大家可以試試看感謝技巧，親身感受一下，這麼一來，不僅心情會變好，看待生活的視角也會有所改善，各方面越來越好後，會變得更懂得心存感激。

我推薦大家，一天跟孩子一起共享感謝兩件事的時光，將這段時光加進晨間例行常規與晚間例行常規中。有些人會說：「太難為情了，怎麼辦？」那是因為我們不曾做過才會這樣想，如果從小養成習慣，就會變成文化的一部分。

跟家人一起共享感謝的時光，也對彼此表達謝意吧！感謝是雙向的，如果我向孩子道謝，孩子的心靈也會像前面提過的一樣，促使大腦產生反應，不僅讓代謝功能變得穩定順暢，也能提高血清素與多巴胺的數值，孩子的思想也會開始變得積極正向，這不就是雙贏（Win-win）嗎？

請緊緊擁抱孩子，然後傳達感謝的話語。舉例來說，父母可以說：「我好愛你，雖然今天早上辛苦了點，但你還是去上學，又去了補習班，真的很謝謝你。」像這樣表達謝意，不僅能活絡自己的感謝迴路，同時也能促進跟孩子之間的親子關係，讓身心靈變得更加舒坦，請務必讓這件事變成一家人的生活習慣。

練習專注在好的一面

每件事都有好的一面與壞的一面，但是以積極態度活在世界上的人，和以消極態度活在世界上的人，看待事情的角度是彼此分歧的。積極正面的人專注在優點上，並會尋找值得感謝的事。無論處在哪種狀況下，只要想找出優點就一定找得到，如此一來，不管做了什麼決定、處在哪種狀況，事後都會變成可以接受的狀況。

相反地，不習慣發掘好的一面，也不習慣關注優點的人，不但會有負面想法，甚至還會想到最糟的情況。如果遇到詐騙等令人感到委屈的事，心情更是無比沉重。這樣的人往往會說：「為什麼這種倒楣的事會發生在我身上？我真的是笨蛋，居然會被騙，我要怎麼活下去？我的人生毀了。」整個人陷入負面思緒中，一直對人生感到委屈，覺得抑鬱不平。處在這種狀況下，其實不易看到好的一面，往往只會看到事情的缺點。

就算身陷惡劣處境中，積極樂觀的人也清楚知道自己必會有所收穫，並想辦法通往下一個階段。反之，消極悲觀的人難以在該處境中有所收穫，因此根本沒有下一個階段可言；而既然無法往前走，打退堂鼓或退步的可能性自然也就大增了。

舉例來說，當你要選擇結婚對象時，一個是有錢的男人，另一個是沒什麼錢卻真心愛你的男人，你會選擇誰？由於每個人的喜好與價值觀不同，因此任何決定皆取決於個人。有錢的條件確實也很吸引人，所以深思熟慮後再選擇自己喜歡的那個人就好——但問題在於選擇後發生的事。

假如跟有錢的男人結婚了，勢必要看到「他很有錢」的優點，並認為「既有豪華的房子，又不用擔心錢的問題，真好」。然而，如果覺得「這個人每天早出晚歸，又不會示愛，這算什麼婚姻嘛？」那就是錯誤的決定了。相反地，假如跟愛你的人結婚了，就必須將焦點放在對方的優點上，若是天天為錢吵架，那也是錯誤的選擇。

不論遇到哪種情況，只要聚焦在優點上，就會變成理想的境地。相反地，如果聚焦在缺點上，就會變成錯誤的窘況。人生在世，要聚焦在哪裡是自己的選擇。如果聚焦在優點上，將能以正向態度接納自己的人生；如果聚焦在缺點上，任何情況都將變成糟糕的錯誤選擇。越是絕望艱辛的時刻，我們越要抱持正向心態，並實踐能促使我們找尋優點的感謝技巧。如此一來，即便身陷於漆黑無比的隧道中，我們也能看見光源、找到出路。看待孩子也是一樣的道理，比起只聚焦在孩子的缺點上，如果我們能聚焦在孩子的優點上，並感謝他們，看待孩子的視角一定會變得更加正向、更加有愛。

PRACTICE NOTES

感謝技巧大挑戰

請寫下要感謝自己、他人、物質或經驗的事項。

Q：有哪些感謝自己的事呢？

孩子：

父母：

Q：有哪些感謝他人的事呢？（也請直接向對方致謝）

孩子：

父母：

Q：有哪些跟物質相關的感謝事項？

孩子：

父母：

Q：有哪些跟經驗相關的感謝事項？特別是遇到困境時學到的教訓，或是在惡劣環境下曾經得到的收穫。

孩子：

父母：

Part

03

只要做到這件事，孩子就會順利長大

不管孩子年紀再小，
父母都要好好聆聽孩子的意見。
如果採用單向溝通或強制性的方式來訂規則，
都會使效果大打折扣。

導正孩子行爲的
OT技巧

孩子需要規則

身為父母，必須教孩子是非對錯與安危觀念。教孩子什麼可為、什麼不可為的時候，親子之間可能會起衝突。一天當中，總會有好幾次孩子想做什麼但父母卻禁止的情形發生。教孩子什麼事該做與不該做的時候，有一項重要的方法，我取名為「OT 技巧」。

OT 是指迎新活動（Orientation），通常是以大學新生或公司新人為對象，針對新環境與組織進行說明，以便他們儘早適應。父母教育孩子也要像辦理迎新活動一樣，必須仔細說明生活中哪些事該做、哪些事不該做。舉例來說，每次去超市時，孩子總會為了買東西而又哭又鬧，一味指責或是教訓孩子可能解決不了問題。在公共場所發生這樣的事，不僅父母感到困擾，正處於激動狀態的孩子也聽不進任何教訓，所以下次再來時可能又會忘得一乾二淨——因此，父母在事前就訂出規則，執行 OT 技巧十分重要。

那該如何訂規則呢？對親子來說，規則和例行常規相當重要。訂規則時可以善加利用家庭會議，讓孩子參與訂規則的流程，孩子會更聽話。當孩子能聽懂話語中的意思，就能使用 OT 技巧。

父母可以說：「今天是一家人聚在一起聊天的日子。」讓孩子準備喜歡的食物，營造出這是一件有趣的事的氛圍。如果孩子覺得這段時間要被家長訓話，訂規則時父母將難以得到孩子的協助。父母必須提前想好孩子可能會堅持的事，舉例來說，孩子每次只要去超市，就會為了買餅乾零食而大鬧一場，這本來就是不被允許的行為，因此一家人必須針對這件事進行討論：「我們每次去超市時，你都會因為想買東西但不能買而難過，對不對？不只你覺得難受，媽媽也感到心很累，對吧？所以我們現在要針對這件事聊一聊，你有什麼想法？該怎麼做才能讓你和媽媽兩個人一起度過美好時光，既能採買生活用品，又能開心回家呢？」

我鼓勵父母跟孩子一起討論，孩子有可能沒什麼意見，也有可能會表達自己的想法。如果孩子願意表達，請父母洗耳恭聽，然後再提出自己的建議即可：「但是沒辦法每次去超市都把你想買的東西全部買下來，以後去超市只能挑一種餅乾，你做得到嗎？」

父母可以這樣提出建議，並詢問孩子的意見，同時也說明規則：「一開始可能很難做到，所以如果你辦不到，而且開始耍賴的話，我們就得馬上回家。」

接著孩子一定會問為什麼，這時再冷靜地向孩子解釋：「如果我們引起騷動，會造成店家或其他客人的困擾。我們不能做出會造成他人困擾的行為，而且當下我們身旁有許多商品，可能會帶來危險，所以若是難以遵守規則，我們就直接回家。」

像這樣說明，讓孩子充分理解。在愉快氣氛下分享彼此的意見，相信孩子會明白的。

訂出規則後，出發去超市前要再說一次：「我們上次有訂出規則，對吧？那時說去超市時要怎麼做？」

「我們決定一次只挑一種餅乾，如果沒辦法遵守規則，我們就得馬上回家。」

出發之前，父母可以讓孩子再次想起之前討論過的事，也可以寫下來或畫圖，畫出一顆糖果、孩子乖巧的模樣、返家的畫面，再給孩子看。

「今天辦得到吧？我們一起加油！」

進超市之前再讓孩子回想一次，父母可以說：「挑一種餅乾，保持安靜、注意安全，買完就回家。」說完再進入超市。如果孩子可以自己說出規則，那更好。抵達超市後，當然也有可能失敗，如果孩子又為了買東西而耍賴，父母可以說：「看樣子你還沒做好遵守規則的準備，我們現在就回家。」即使東西還沒買好，說完話也要真的回家才行，這是訓練。不過沒必要說「被你害死了」這種話，父母當然會因為無法買東西而感到氣憤，但是請先深呼吸，並冷靜下來，然後說：「好像還不太行，不過只要多練習，很快就會成功的。」

不論做什麼事，都要採用 OT 技巧。如果兄妹為了玩具而大吵一架，要怎麼辦呢？如果只是說：「喂，別吵架，哥哥要讓妹妹。」即使下指令或從旁協助，下次依然又會再吵起來。不會因為父母指責孩子或教訓孩子，孩子的行為就馬上獲得改善，這種時候也請召開家庭會議。

「妹妹，你每天為了玩具跟哥哥吵架，該怎麼做才能跟哥哥一起玩呢？」

比起開口責罵，在舒適的氛圍下享用點心，並找哥哥一起坐下來討論，如此一來，孩子們就會說出彼此的想法。妹妹可能會說是哥哥的錯，哥哥也有可能責怪妹妹，父母聽完孩子們的說法後，再說出規則：「那以後這個玩具一次玩幾分鐘後就換下一個人玩，大家一起決定怎麼樣？要不要設定計時器呢？」

父母可以提出幾個方案，孩子也可以表達想法，以此方式訂出規則，最後決定玩具妹妹玩十分鐘，再換哥哥玩十分鐘，同時也要決定沒遵守規則時該如何處理，並在拿出玩具時，讓孩子回想曾經討論過的內容。

詢問孩子：「我們當初說好這個玩具要怎麼玩？」接著靜待孩子自己回答。假如孩子想不起來，父母可以說：「你玩十分鐘，再換哥哥玩十分鐘，我們上次是這樣決定的，對吧？對方在玩的時候不可以干擾，對吧？」讓孩子想起來。接著再問：「如果干擾對方玩玩具，會怎麼樣呢？」詢問孩子該行為的後果，再靜待孩子回答。假如孩子答不出來，父母可以說：「那就下次再練習，今天先不拿這個玩具出來玩了。」藉以喚起孩子的記憶。

如果孩子無法遵守規則，父母千萬別說：「我早就知道你會賴皮。」而是要說：「是不是太難了？那今天先練習到這裡，把玩具放回去吧。」然後依照約定將玩具收拾起來，這樣孩子就能學到「我要練習好好遵守規則，才能盡情玩樂」的道理。

沒有孩子能一次就上手

孩子可能嘗試許多次仍無法好好遵循規則，不過這並不是孩子不願意做，而是他還辦不到，這時父母的想法相當重要。只是孩子心智尚未成熟，所以想玩樂的心遠大於遵守規定的心罷了。其實大人也沒有太大的不同，明知道要按時運動，卻不運動，但這並不是刻意忽略運動的必要性，而是明明心知肚明，卻總是做不好。同理可證，孩子也不是對規則視而不見，而是雖然想遵守卻做不好。因此，父母必須這樣想才對：「**如果辦得**

到，早就辦到了，孩子顯然不夠成熟，看來還需要多加練習。」

昨天遵守，今天卻沒遵守；心情好的時候才做，心情差的時候就不做——這些也是相同道理。我們也一樣，心情好的時候運動久一點，但如果沒心情運動，就乾脆就不運動了，這也說明了自我鍛鍊還不夠。

孩子還沒成熟到足以持續遵守規則，因此當孩子做得好時，請大力稱讚孩子；沒遵守規則時，父母可以說：「對你來說還太難了，對吧？再多多練習吧！以後會越來越簡單的。」至於該怎麼處理孩子沒遵守規則的情形，只要依照訂出來的規定執行即可，像是從超市直接返家，或是不讓孩子玩玩具。這是孩子還沒準備好的情況下所發生的必然結果，亦稱為「自然後果」（Natural Consequence）。

這樣的話，孩子會認為「我必須練習某件事，我只不過還在練習罷了」，而不是覺得被處罰、被指責、受父母的氣，而且只要稍微冷靜下來，孩子也會明白「我還沒徹底練習好，今天才會辦不到」，所以縱使感到難過，也很容易便能接受事實。孩子不會陷入負面想法中，反而能正向思考：「起碼今天做到這一步，至少今天到超市後大概有十分鐘表現得還可以，還在持續努力中，下次一定會更進步的。」

這就是 OT 技巧的核心。

請父母摒棄想解決所有問題行為的貪念，試著多嘗試幾次ＯＴ技巧，也可以畫圖給孩子看，甚至充分解釋給孩子聽。當孩子心情愉快時，就讓孩子回想一次。進行得不太順利時，父母則必須依照約定收拾殘局，千萬不能因為嫌麻煩而統統買給孩子，破壞訂好的規矩。**父母必須從自身做起，遵守規則，行為舉止也要始終如一。**

透過傾聽與討論來決定規則

聽孩子發言，是訂規則時一定要遵守的事，但是這不代表要全然接受孩子提出的要求。父母可以說：「原來這是你的想法。你希望玩具都是你一個人玩是嗎？會這樣想確實情有可原。」**先同理孩子的心情，再用心傾聽，孩子才會敞開心房，說出自己的看法。**接下來再告訴孩子：「可是哥哥會不會也跟你一樣，想玩那個玩具呢？」

不管孩子年紀再小，父母都要好好聆聽孩子的意見。如果採用單向溝通或強制性的方式來訂規則，都會使效果大打折扣。孩子可能會脫口而出一些異想天開的發言，不過也請父母不要忽略這些發言或駁斥孩子，可以說：「原來你是這樣想的，以你的立場來說確實會有這樣的想法，不過呢……」先好好聽完孩子的發言，再慢條斯理地向孩子解釋。隨著孩子年紀增長，父母單方面的指示反而會帶來反效果。如果孩子正在氣頭上，會難以溝通，所以更需要 OT 技巧。在美好氛圍中傾聽彼此說話，同時討論要解決的課題，這正是 OT 技巧的核心。

假如孩子打太多電動，也請父母使用 OT 技巧，召開家庭會議共同討論：

「最近打電動的時間好像變長了，你是怎麼想的？玩幾個小時才算恰當呢？」

如果孩子說大家都玩三小時，父母可以說：「是嗎？媽媽有點擔心，不過我還是希望你這三小時可以自己衡量。」孩子也有可能自覺玩太久，那父母可以說：「你覺得玩幾個小時比較合理？」詢問孩子的意見，雙方進行對話。假使孩子說玩四小時是合理的，那請父母繼續追問：

「你覺得玩四小時合理？那你最近玩多久？」

「大約六小時吧？」

「比你所設想的時間還要多出兩個小時呢？是不是該調整一下玩樂時間比較好？有哪些好辦法呢？」

親子之間，要像這樣進行你來我往的對話。另外，也可以使用有調整時間功能的計時器，不論是幼童還是青少年，有計時器就好辦事。我推薦視覺計時器，也就是能明顯看出時間流逝的計時器；看得出時間流逝的沙漏也不錯，市面上有許多兒童專用的便宜沙漏。除此之外，網路購物商城等通路也有販售各種視覺計時器。

如果對孩子說：「五分鐘後可以吃餅乾。」就給孩子可計時五分鐘的沙漏，如此一來，孩子在做其他事情的同時，也能留意沙漏，然後時間一到便會拿來給你，告訴你：「看，五分鐘到了。」這時請稱讚孩子有乖巧等待。如果約定時間是十分鐘，只要再次將沙漏上下顛倒，或是使用可計時十分鐘的沙漏即可。父母可以提醒孩子：「我們十分鐘後要外出，所以五分鐘後沙漏全部漏完要再翻過來一次。」

兒童專用沙漏商品通常是以五分鐘、十分鐘、十五分鐘等不同時間作為一組販售。如果孩子正值青少年時期，使用可記時三十分鐘、一小時的沙漏更合適；也可以使用其他種類的視覺計時器，或是數字偏大的時鐘。

時間一到就會發出聲響，是計時器的優點，而報時的是機器，並非任何人，所以不會帶入任何情緒；舉例來說，比起聽媽媽說「現在要出門了」，聽到計時器響起的鈴聲反而不容易生氣。

「自我覺察」是調整的第一階段，意識到「自己做某件事花了多久時間」是改善的起點，下一步則是自行努力調整。這裡提到的「自行」很重要。如果一再由父母提醒，甚至是催促孩子「時間快到了」，將會向孩子灌輸「調整時間作息是父母職責」的觀念，而且孩子也沒有機會練習。該觀察計時器的人不是父母，而是孩子，如果能讓孩子自己做到這件事，對自我管理能力發展會有所助益。

不過有一項需要注意的是，不要一次訂定太多種規則，由於同時練習各種規則會難以得到一致性的結果，因此我不建議這麼做。試圖改善問題行為的情況下，可以考慮一次改正一、二個，多則三個。舉例來說，假設在超市耍賴、為了玩具吵架、不寫功課是最棘手的問題。比起一次改正這三個問題行為，若能循序漸進地改正，會更為理想。假如孩子在超市的行為有稍微修正了，就可以再加入下一項。採用這個方法，多則可以同時改善三個左右的問題。僅挑選出最重要的事，然後訂出規則，如果同時有好幾件事，建議先進行一、二件，待這些事熟悉得差不多後，再追加進行下一件，以此方式循序漸進地將OT技巧套用在教育孩子這件事上。

PRACTICE NOTES

跟孩子一起制定規則

親子在舒適狀態下一起討論問題並訂出規則，是導正孩子行為的核心關鍵，接下來才是協助孩子好好遵守規則。請想一想，有哪些是孩子務必知道的規則。

Q：孩子有哪些面臨困境的情況？

Q：家人聚在一起討論看看，孩子有什麼意見呢？

Q：請想一想，哪些規則合適？孩子無法遵守規則時，又會發生哪些自然後果？

一

避免孩子過度沉迷的方法

孩子對電玩與智慧型手機成癮的原因

近年來，許多父母們為了孩子打電玩的事傷透腦筋，甚至跟孩子起爭執，都是因為孩子一有時間就想打電玩所致。不只是打電玩，父母想從孩子手中收回智慧型手機，也會引發戰爭。過度沉迷於電玩或智慧型手機，會對健康造成不良影響，也有可能引起肥胖、視力變差、體態姿勢不平衡、關節問題等等。使用智慧型手機這件事本身並不構成問題，就像是飲酒不是問題，但酒精濫用或酒精成癮就會釀成問題。許多父母向我徵詢意見，到底該如何才能平息這場電玩與智慧型手機的戰爭呢？

但是，在討論「該如何解決問題」之前，是不是應該先檢討「為什麼會產生問題」呢？根據加拿大麥基爾大學團隊所進行的研究結果顯示，在二十四個調查國家中，韓國的智慧型手機使用率排名第五，第一到第四名依序為中國、沙烏地阿拉伯、馬來西亞及巴西。美國位居第十八名，瑞士、法國及德國分別位居二十二至二十四名。其實韓國跟美國青少年智慧型手機使用率及沉迷電玩的差異之大，也是我所感受到的現象，而且我認為這跟青少年如何度過日常生活有關。

「媽媽會一手包辦其他的事，你好好讀書就行了。」你是否曾經說過這樣的話？只要考到理想成績就行了，由成績決定孩子的價值與等級——這樣的孩子就像被關在牛棚裡的牛一樣——給乳牛最上等的飼料，再施打所有的抗生素，好讓乳牛沒有病痛，而乳牛只要專心吃飼料、好好產乳就行了。兩者是一樣的道理。

孩子按照父母的要求，勉強讀著不想讀的書，放學後再去補習班補習，整天忙著跟課業搏鬥，根本沒時間休息。孩子有可能說「休息時間我看一下書」嗎？請想一想，燃燒生命在公司工作一整天後返家，處理完所有家事後，好不容易有自由時間了，誰不想躺著滑滑手機然後倒頭就睡？如果這時有人使喚你再去做事，你不會抓狂嗎？我身為教授，擁有一份必須讀很多書的工作，每天不但要看很多份論文、準備授課教材，還要寫自己的論文，腦袋真的要炸開了，尤其是一天八小時要一直讀論文、寫論文的日子，回家後真的只想盯著手機，什麼都不要想。

燃燒自我、整天讀書是孩子依賴手機的第一個原因；被關在家裡不曾出去玩，則是第二個原因。遺憾的是，他們甚至沒時間培養其他興趣與嗜好。如果孩子從小體驗過各項運動或音樂等興趣，那麼除了手機以外，他們還有許多事情可以做。然而，如果孩子除了讀書什麼都不知道，又從來不曾盡情玩樂過，他們可能也不知道該如何好好休息，只覺得除了滑手機之外，沒什麼好玩的了。不但不曾做過其他事，也沒有餘力去從事其他活動。

「孩子不寫功課，已經滑手機好幾個小時了。」

許多父母有這樣的煩惱。那孩子少滑一點手機，做什麼事好呢？讀書嗎？對已經讀書一整天的孩子來說，這是行不通的。如果希望孩子少玩一點手機，孩子必須做些更有趣好玩的事，不然就是徹底地好好休息。如果奢求孩子多看點書，不要一直盯著手機看，只會導致親子雙方起衝突。一旦孩子進入青春期，雙方的爭吵也會越演越烈。比起終止早已開戰的戰局，避免開戰才是最好的做法。

給孩子發掘有趣事物的機會

預防做法很簡單，只要讓孩子從小盡情玩樂就行了，如此一來，孩子們就會愛上其他不同的活動，例如音樂、運動、美術等。為什麼會有「每位孩子都是藝術家」這句話？玩得夠多，而且體能、藝能等各項活動造詣精深的孩子，之所以鮮少沉迷於電玩遊戲，正是因為他們更喜歡其他活動的緣故。

其實美國的孩童不像亞洲孩童那樣沉迷於電玩遊戲，不只是幼童，就連中學生、高中生也會跟籃球隊、足球隊、棒球隊的朋友一起外出練習，不然就是跟朋友一起去購物商場玩或看電影，根本沒時間待在家裡玩遊戲，因為跟朋友在一起休閒玩樂更有趣。但韓國的孩子呢？每天只會去補習班，回到家後腦袋一片空白，所以只想漫無目的地玩遊戲，試圖邊玩遊戲邊讓腦袋冷靜下來。父母營造出除了讀書以外什麼事都無法做的環境，事到如今卻要孩子從事其他活動，不要一直打電玩，站在孩子的立場，只會感到不知所措。

當然，美國孩童也會打電玩，但是玩一下後就會出去嬉戲，因為跟朋友約好一起打籃球的時間到了，而且那比打電玩更有趣。為什麼？因為從小玩到大的關係。因此，如果你家孩子年紀還很小，可以的話請儘快讓孩子盡情享受玩樂，這樣就能避免孩子過度沉迷於電玩和智慧型手機。我也建議父母要教孩子藝能、體能等各項活動，並讓孩子接觸大自然。

有些父母會這樣說：「有帶孩子去大自然，可是他不愛，去到那裡也是一直玩手機。」然而，從小經常到公園、深山、露營等場所遊玩的孩子，多數都很享受跟家人一起度過這樣的時光。近來也有許多孩子熱愛音樂，相較於以往，饒舌、作曲也變得越來越容易上手，可以當作孩子的興趣。運動當然好，如果孩子對運動感興趣，建議父母一定要協助孩子從事休閒運動。孩子也喜歡創作或實驗，近來透過 YouTube 頻道也能滿足孩子這方面的需求。有些孩子喜歡下廚，這時，請別跟孩子說「年糕媽媽切就好，你去寫作文」，而是要跟孩子一起切年糕。

也有許多孩子想要經營 YouTube，這不代表長大後就一定會成為 YouTuber。因為孩子隨時都在改變，隨時都在成長。孩子學習自己感到有趣的事物，然後加以嘗試，這都有助於拓展好奇心。試過一次後覺得好玩的話，會繼續嘗試；覺得無趣的話，再去發掘其他事物即可。父母不必想得太嚴肅，也不用因為孩子對某件事感到有興趣而過度投資在那件事情上。孩子說想經營 YouTube，於是你買了昂貴設備給他，然而孩子只有三分鐘熱度。有些父母就會說：「你做事怎麼老是三天打魚，兩天曬網？」孩子都一樣，一會兒嘗試這個，一會兒嘗試那個，感興趣的事隨時都在改變，這是很正常的事。因此，只要準備可拍照的智慧型手機和便宜的三角架，讓孩子從此著手就行了。

當然，有些孩子在電玩方面深具潛力，有可能成為職業玩家，想要成為職業玩家的孩子是真的熱愛電玩遊戲。沒有熱愛的事或沒有可替代的休閒活動才打電玩的孩子，以及真的熱愛打電玩才玩的孩子，兩者其實是不同的。區分方式就是讓孩子打電玩，盡情打電玩的同時，也一邊發掘其他感興趣的事物，這樣的孩子遠比想像中多。假如從小就讓孩子盡情玩遍大小事物，孩子依然熱愛電玩，而且還玩得有模有樣，便表示孩子對電玩有濃厚興趣，也具備這方面的才華。

不放任的放養技巧

「放養」是養育孩子最理想的方法。試想，原野上有一頭牛，微風輕輕吹拂，雲朵飄在空中，牛愜意地吃著青草，原野另一邊的青草看起來也美味可口，於是牛便悄悄地走了過去，吃起另一邊的青草。這種不將牛隻關在牛棚裡餵食飼料的做法，便稱為放養。

放養跟放任不一樣。放任是指未盡責任、撒手不管的意思，這樣牛隻會越來越消瘦。

那麼，該如何放養孩子呢？答案是**提供安全的環境，但在該範圍內給予一定的自由。而這裡說的提供安全環境是指身體、精神方面應處於安定狀態。至於圍欄則是指大框架，泛指價值與心態。**「務必做好這件事、要把事情做好讓人覺得我很可靠、要認真負責地做好份內的事、身為家庭成員要對家人有所貢獻、不造成他人困擾、要關懷他人……等」以上皆屬於圍欄。在這個圍欄裡，讓孩子自由自在地生活。

有些父母會說：「放養孩子後，孩子真的什麼事都不做了。」

這讓我十分好奇，這些父母在孩子年幼時是如何教導他們的？從孩子年幼時，就在安全無虞與保有價值的圍欄裡放養孩子嗎？懂得前往自己想去的地方吃青草的孩子，必有嗜好與感興趣的事；對事物不感到好奇，覺得世上毫無樂趣的孩子相當稀少。

「我家小孩沒有任何興趣，也不關注其他事。」

孩子明明想去那裡吃草，父母卻叫他回來，別去吃那裡的草。如果孩子一直在這樣的教育下成長，自行發掘喜愛事物的動機與念頭會逐漸崩解。因此，我才會建議父母採取放養技巧，養育孩子時必須盡可能放大孩子的可能性。當孩子年滿十歲時，能跟手機與電玩較量的不是讀書，而是娛樂（興趣、嗜好），所以孩子從小感興趣、覺得好玩的事，父母必須大力給予支持才對，孩子找到那項興趣並進一步發展，就不會有多餘時間耗在手機或電玩上。

為了未來著想，要找到能讓孩子眼睛為之一亮的事物，補習費不如拿來用在家族旅行、運動、鑑賞音樂等娛樂上，這反而是更理想的教育方式。只要不是壞事，無論是哪種娛樂都無妨。不過，希望父母不要讓孩子只接觸教育性質的娛樂活動，不論透過哪種娛樂活動，孩子都能學到東西，並且有所成長，同時也能促進各方面的智能發展，並增強4C能力。

從小透過娛樂活動培養興趣與嗜好的孩子，即使讀書讀累了，也會懂得透過娛樂活動讓大腦冷靜，並排解壓力。「不要從事任何活動，專心讀書，唯有讀書才能達成許多成就」，這是絕對錯誤的觀念。

愛因斯坦的小提琴演奏能力有專業水準；史懷哲從小演奏管風琴。我們經常看到成功人士將興趣當作一回事的故事，這是因為在自己熱愛的領域中得到成就的自信與經驗，也能應用在其他領域上的緣故。因此，父母不要覺得休閒活動、興趣、嗜好會妨礙孩子讀書，而是要實踐讓孩子在偌大圍欄中也能盡情玩樂的放養教育，這樣也能有效預防孩子過度沉迷於手機。

透過自我覺察，培養自我調節能力

萬一為時已晚怎麼辦？肯定有許多父母已經錯過預防時期。孩子進入青春期後，父母的嚴格管教再也不是恰當的教導方式。如果父母試圖約束孩子，反而會帶來反效果，導致親子之間產生衝突，解決不了問題。

父母要做的不是約束孩子，而是培養孩子的自我調節能力。如同前面所述，想要擁有良好的自我調節能力，首先要有自我覺察。如果漫無目的地一直打電玩，時間一下子就過去了。如果父母也漫無目的地一直看影劇或 YouTube 頻道，時間不也是一溜煙就不見了嗎？兩者是一樣的道理。因此，父母必須協助孩子，讓孩子有所自覺。

舉例來說，請詢問孩子：「你覺得一天玩多久電玩遊戲是合理的？」然後準備孩子能自行操作的計時器。從那刻起，協助孩子自行調整就是父母的目標。跟孩子說「你只能玩兩小時，之後要念書三小時」是沒有用的。假如父母真的希望自己說的話能影響孩子，倒不如說：「遊戲玩兩小時後，要不要去釣魚呢？或是去看剛上映的電影？」

為了因錯失良機而感到心累的父母，我想再提出「寄宿學生技巧」（OT技巧的青少年版本）。首先，認為父母必須約束孩子，或是認為孩子必須聽父母的話，都是不行的。這樣下去會毀掉親子關係，父母也會後悔不已。父母真正要做的是，協助孩子培養自我調節能力。教養的目的不是讓孩子乖乖聽從父母的話，這是我再三強調的重點。

兒童心智科也有許多這樣的父母前來看診：「他實在太不聽我的話了。」

但是孩子本來就不聽話。為什麼某人要一直聽別人說的話？即使是親屬關係，彼此不也是不同個體嗎？孩子如果正值青少年時期，情況更是明顯。孩子的能力還處在發育階段，因此父母必須從旁給予協助，這是身為父母的人必須要有的觀念。該如何從旁給予協助，好讓孩子能夠自行完成任務，也是父母必須煩惱的課題。

換言之，問題應該從「該怎麼做孩子才會聽我的話呢？」轉變成「該怎麼做才能幫助孩子做出理想選擇呢？」如果是飼養寵物，命令與服從將會是重要的教育方針。原因在於，飼養寵物的最終目的，並不是為了要讓寵物擁有獨立自主的能力，但養育孩子並不是如此。

「孩子打電動三小時，該怎麼做才能讓孩子只玩兩小時？該給予什麼獎懲呢？」是許多父母的想法。你一定還記得前面提過的外在動機，相較於思索該如何用外在動機來約束孩子，父母必須做的是，協助孩子擁有能自行安排遊戲時間的自我調節能力。

「話是這麼說，但孩子有辦法自行調整嗎？」再說，約束孩子就能解決問題嗎？孩子難道不會想方設法來蒙騙父母嗎？父母不會跟孩子吵起來嗎？孩子不會越大越叛逆嗎？孩子年幼時多少需要約束，建議父母可以善用OT技巧，跟孩子一起訂出規則，然後好好遵守。不過，孩子邁入青春期後就要改變做法了，我推薦的是寄宿學生技巧，跟OT技巧雷同。

跟青少年子女溝通的寄宿學生技巧

當孩子邁入青春期，父母必須將孩子當作獨立個體，尊重他們。我都請父母將青少年兒女當作寄宿學生看待，有話想對孩子說的時候，先假設對方是寄宿學生，再來思考該怎麼說話，可以對孩子說：「最近你似乎比較晚睡覺，媽媽有點擔心。」能對寄宿學生說的話是有限的，**父母說話時先表達自己的擔憂，再提出問題，討論某件事是否有更理想的做法，然後雙方一起尋找解決辦法，這就是寄宿學生技巧。**

孩子可能會沒有任何想法，即使如此，我也不建議單方面向孩子灌輸父母的看法。舉例來說，父母認為孩子太晚睡，孩子有可能會說「我才沒有太晚睡」或「哪有，我起碼十二點就睡了」，這時父母可以表示太晚睡有害健康，但是不建議每晚約束孩子，追問孩子「你還不睡嗎？」對寄宿學生來說，哪有人管那麼多？就算你這麼說，正值青春期的孩子也不見得會聽你的話。

因此，要找機會在「寄宿學生」心情好時，好好聊一聊。

「同學，我們家每個人都十一點上床睡覺，只有你的房間一直有聲音，你有什麼想法呢？」

「七點是早餐時間，我們家每個人都在七點一起用餐，希望你也可以配合。」

如果孩子說：「那我也試著早睡早起好了。」一切就太謝天謝地了，畢竟這不是父母態度強硬就能解決的事。比起「可行、不可行」，父母更應該從「協助孩子自行培養調節能力」的角度切入才對。

自我覺察是自我調節的第一階段。前面我推薦過善用計時器的做法，**孩子進入青春期後，不該再由父母設定計時器，而是要由孩子親自設定**。父母可以買計時器給孩子，但是請將計時器的使用權交給孩子，讓孩子自行思考。

「你覺得自己最近玩電動玩幾個小時？」

「這樣恰當嗎？」

如果孩子回答似乎該減少一些時間，這時父母便可給孩子計時器，協助他們自我調整。就像OT技巧一樣，向孩子說明一次後，再仔細觀察後續，父母協助孩子培養自我調節能力的同時，也要耐心等待。尤其需要特別留意一件事。

若是譴責孩子：「你誇下海口說要做到，卻又做不到，我就知道你每天只會耍嘴皮子。」這樣會形成雙方對峙的局面。由於我們會越來越常使用智慧型手機或平板等設備，因此相較於認為使用 3C 產品就是不好的，父母更應好好教孩子如何自行調整使用時間與使用方式，同時搭配可以讓身體動起來的運動或活動，取得兩者之間的平衡。

許多父母問我，手機一天使用幾小時最恰當？我必須說，這沒有標準答案。如果有確實執行前面提過的基本原則（炊飯技巧），這個問題的正解就不會只有一個。沒有說法明確指出，在限定時間內使用手機的孩子就是乖孩子，而超過時間的就是壞孩子。不過，WHO 提倡的做法是，別讓一歲以下的孩童接觸智慧型產品，五歲以下的孩童則是一天不超過一小時。如果孩童小時候長時間使用智慧型產品，會導致大腦只被刺激單一領域，進而阻礙腦部健全發展。

此外，這個問題的解答，也會根據父母的哲學觀或價值觀而有所差異，更會因父母所提供的環境而有明顯不同。我幾乎不看電視，所以假使我有孩子的話，孩子可能也沒什麼機會看電視。我隨身攜帶書，不只會聽有聲書，也會看電子書，因此我的小孩自然也會接觸到大量的書籍。父母總是開著電視，並用手機購物或看 YouTube 頻道，卻限制孩子看電視或滑手機的時間，這豈不是很矛盾嗎？

如果是幼童，必要時父母可以限制使用時機。如果孩子年滿五歲，父母可以跟孩子討論，指導孩子該如何自我調整。「我該怎麼幫助你培養這方面的能力呢？要不要一起試著營造出適當的環境呢？我們一起討論好嗎？」父母必須以這樣的態度來親近孩子。

我知道一旦孩子邁入青春期，要改變習慣是十分困難的，孩子的青春期等於是看出父母至今如何教育孩子的時期，這時要導正孩子的某些行為並不是一件容易的事。想要約束青少年子女既不容易又難以見效，甚至還會造成親子關係惡化。不過，透過寄宿學生技巧，跟孩子進行討論，再協助孩子自我調整，不論是為了孩子著想，還是為了維護親子關係，這確實是更理想的做法，因此請父母將孩子當作寄宿學生，好好尊重他們吧！

PRACTICE NOTES

如何預防電玩與智慧型手機成癮

請找出能有效預防過度沉迷於電玩或手機的方法，並掌握孩子感到有趣或喜愛的事物。

Q：孩子對什麼事物感到好奇？

Q：孩子有哪些興趣呢？

一
教孩子培養自我調節能力

自己感受得到約束力，孩子才會穩定

生活周遭有太多東西會誘惑孩子，但父母無法每天跟在孩子身邊關照他們，因此孩子最終還是必須練就出自我判斷與自我調整的能力。

先談別的話題吧！在醫學方面，當病人感到劇烈疼痛時，有時會使用麻醉性止痛藥。醫生動完手術後，考量到病人可能難以承受開刀後的痛楚，便會投予麻醉性止痛藥，但此類藥物因為具有成癮性，故調整劑量尤為重要。為了避免投予過量藥劑，通常會以每隔四小時施打一次的頻率來限制，藉此分散用量。由於有的人對止痛藥比較有感，有的人無感，因此每個人所需的止痛藥用量會有些許差異。受到此一限制的緣故，止痛藥效退得快的病人難以追加施打止痛藥，所以有時必須忍受疼痛。

為了讓病人在疼痛的時候能自行注射止痛藥，醫生會使用ＰＣＡ（Patient Controlled Analgesia，病人自控式止痛法）儀器，只不過用量是固定的。但是，任由病人施打止痛藥，病人難道不會注射更多止痛藥嗎？神奇的是，事實並非如此。在醫療人員的控管下，病人必須痛苦地等待，直到可以注射止痛劑為止。在抱有恐懼的情緒狀態下，病人所感受到的痛楚，明顯比心情放鬆時多出許多，以至於每到可以注射止痛劑時，病人總會希望醫療人員多投予一些藥物。有時礙於害怕藥效提早失效，病人甚至會出現一直尋求藥物的行為。當藥物被他人徹底控管時，病人反而更依賴止痛藥。

相反地，如果給病人一台儀器，並告訴病人「覺得痛時就自己按儀器」，結果病人在痊癒前所使用的止痛藥劑量反而減少了，因為不論是感到些許疼痛還是劇烈疼痛，病人隨時都能注射止痛藥，所以既不會覺得不安，也不會感到焦急。病人再也不會因為無法注射藥劑而飽受疼痛的煎熬，不但心裡安心了不少，同時也有效降低了痛苦指數。

給當事人約束力與自我調整的權利，這麼做不但能帶來安定感，同時也會產生自己應妥善使用約束力的責任感，這就是內在動機。對孩子來說也是相同道理。

「我希望你自己能一點一滴慢慢調整，畢竟你現在已經十五歲了，比起由媽媽對你指揮東、指揮西，我認為你應該自己來才對，我相信你有辦法自己培養那個能力，所以我想尊重你的自主權。」像這樣跟孩子溝通的同時，偶爾再詢問「進展得如何」就足夠了，希望父母別因為賦予孩子自我約束的權限而感到太害怕。當然，孩子無法完美地調整成父母所期待的樣子，但是確實有研究結果顯示，一年後再次調查，有許多原本過度沉迷於電玩或手機的青少年，成癮症狀有好轉跡象。因此，即使對於孩子現況感到擔憂，也要秉持信念，靜待孩子的轉變。經過自行鍛鍊及熟悉自我調節能力的過程，孩子的自我調節能力也會有所進步。

處在幼兒時期的孩子因太過脆弱而須盡可能保護，但是隨著孩子逐漸成長，獨立自主的心也會隨之增強，這時父母就要將保護的態度轉換為支持，不是要父母過度呵護孩子，而是要給予孩子關愛與支持。

有時父母會誤以為孩子做錯事仍要說「做得好」，但是並非如此。對孩子說：「我知道不容易，媽媽也一樣，但是擁有自我調節能力代表你更成熟了，這樣的人將會活出更美好的人生。你已經在努力了，一定會越來越得心應手的。」這才是支持孩子的話語。

父母是否具備自我調節能力？

事實上，父母先向孩子展現自我調節能力的模樣，會更有效。如果父母兩人總是盯著手機看，卻叫孩子不要滑手機，那是不可能的。父母該做的事沒做，卻要孩子善盡自己的責任，那是行不通的。因此，父母也要向孩子展現自我調節能力，如此一來，孩子將會耳濡目染。

我有時也會遇到瓶頸，目前我跟外甥住在一起，他有時會說：「阿姨，那件事明天再做吧？」我這樣回覆他：「可是有很多人正在等我，為了他們，我現在必須完成這件事。」如此一來，孩子自然會學到「為了負起自己的責任，就算再累也要懂得適時調整步調」。因此，若想好好教育孩子，父母也要懂得自我反省。我花多少時間滑手機？花多少時間閱讀？我在做有意義的事嗎？有哪些是我認為有價值的事？我的品性如何？

為人父母不代表已經長大了，父母也會不斷學習成長，而學習成長的模樣將會帶給孩子靈感。「原來那個年紀的媽媽也是不斷學習、不斷努力。原來爸爸為了改善自己的缺點而持續努力著。」如果父母對孩子該如何成長抱有期望，就必須向孩子展現自己就是那樣長大的模樣。請告訴孩子：「爸爸和媽媽也是不斷學習、不斷成長，只要勤加練習，就會進步。」不但要對自己精神喊話，也要對孩子精神喊話喔！

培養自我調節能力的基本條件

如果沒讓孩子培養自我調節能力，不只累到孩子，就連父母也會吃盡苦頭。大人當中也有自我調節能力差的人，而這些人就像孩子一樣。自我調節能力有所成長的人，才能成為名符其實的大人。有幾項條件會對培養自我調節能力這件事帶來影響，其中之一是炊飯技巧的水；當孩子得到的關愛越是充足，自我調節能力也就成長得越快。無條件的愛與絕對存在價值的教導，就是如此重要。

父母的反應也很重要，尤其是孩子感到心力交瘁時，父母務必要給予回應。父母去瞭解、去同理孩子心力交瘁的情緒，光是這麼做就能讓孩子感到安定，並且好轉起來。這麼說不是要父母完全聽從孩子說的話，而是去傾聽，並給予適當的回應，如此一來，孩子的自我調節能力就會進步。

如果想培養自我調節力，該培養哪些能力呢？現在就來瞧一瞧吧！有些人只要一生氣就會大吼大叫或亂丟東西，這些人其實並不認為自己的行為是正確的，反而事後會後悔不已。他們知道不該這麼做，也下定決心下次不會再犯了，但只要一生氣就會重蹈覆轍。為什麼會這樣呢？因為他們無法自我控制。

這時要先學會自我覺察。人通常不會意識到「我想要發脾氣」，往往都是直接爆怒，因此我們必須察覺出自己要開始發脾氣的時候。換言之，要感覺得出來「我現在有點生氣了，而且持續醞釀出怒氣，要是再繼續下去就會爆炸」。這麼一來，為了避免暴怒的狀況發生，我們可以轉移話題、離開現場或是出去透透氣。相反地，如果沒有自我覺察，就不會知道自己正在生氣，而是直接動怒。因此，自我覺察相當重要。

該如何教孩子自我覺察呢？父母要讓孩子練習瞭解自己的情感，一開始孩子都不太瞭解，所以必須由父母告訴他們：「朋友一直玩你的玩具，沒有還給你，所以你才會這麼難過」、「你想吃餅乾，但是還不能吃，所以你才生氣的」，孩子開始出現情緒上的反應時，父母可以像這樣讓孩子自行意識到情緒上的變化。

接下來要培養問題解決能力。只要能解決問題，情緒和行為問題自然能迎刃而解，因此問題解決能力強的孩子往往具備良好調節能力，而且知道問題會迎刃而解的孩子通常也擅長管理自己的情緒與行為。遇到問題時，請父母告訴孩子：「我們一起來想想看這個問題該如何解決吧！」教導孩子任何問題都有解決辦法的觀念。

教孩子自我調節能力時還有一件重要的事，那就是要訓練孩子考量他人的立場。只想到自己卻沒有想到他人時，會經常動怒。我正在玩玩具，如果別的小孩拿去玩，我當然會生氣。可是，如果想到「是我玩太久了，其他人一定也想玩」，就不會那麼生氣了，這就是換位思考的觀念。不過，孩子可能無法立即察覺到這般感受，因此父母可以從旁協助：「因為你一直玩滑索，朋友在旁邊等候會有什麼感受，有可能生氣了吧？」

萬一後來真的生氣了，瞭解該如何冷靜下來也很重要，大人也一樣。發脾氣時會不會大吼大叫？會不會丟東西？會不會用力關門？都不該這麼做。生氣時領悟出讓自己冷靜下來的方法十分重要。

PRACTICE NOTES

培養自我調節能力

父母先展現自我調節能力，對於培養孩子的自我調節能力會更有效，與此同時，再教孩子自我覺察的觀念，並培養問題解決能力。

Q：請寫下父母想展現給孩子看的自我調節狀態。我是容易生氣的人嗎？我是否能察覺出自己正在生氣？生氣時我如何冷靜下來？

Q：哪些話語能幫助孩子察覺自己的情緒？

Q：當孩子遇到問題時，該如何幫助他們解決問題，並引導他們考量他人的立場？

培養自我調節能力的實戰教育法

在家裡設置寧靜角落

如前所述，**若想培養自我調節能力，父母要先教孩子自我覺察**。如果孩子無法自行察覺狀態，這時請父母告訴孩子，你生氣了、你感到不耐煩、你覺得很傷心、你感到疼痛。父母仔細觀察孩子的狀態後再告訴孩子，藉此提高孩子的自我覺察。

第二是當孩子有所要求時，父母要教孩子耐心等待，這是相當重要的能力，卻也是需要不斷努力的部分，因此建議讓孩子從小持續練習。舉例來說，如果孩子吵著要吃餅乾，父母應向孩子說明需要耐心等待的情況。如：剛剛才吃飽，所以十五分鐘後才能再吃餅乾；或是馬上要吃飯了，飯後才能吃餅乾。

對孩子來說可能有些辛苦，但請讓孩子持續進行這樣的訓練，並從短時間慢慢延長為較長的時間。舉例來說，告訴孩子：「我們五分鐘後再吃餅乾。」接著將計時器靜置五分鐘。此時如果單純叫孩子安靜等待，會太折磨他們，因此同一時間可讓孩子從事其他活動，例如玩積木或畫畫等，藉此轉移注意力。當孩子有想要的東西時，不是立刻行動，而是要訓練孩子耐心等待，事後再稱讚孩子：「你剛剛想吃餅乾，但是多等了五分鐘，還看了一本書，現在終於吃到餅乾了，你長大了，很棒喔！」

如果孩子等不及或是發脾氣了，父母可以採用以下方式給予回應：「你現在很想吃，卻因為吃不到而覺得難過、生氣，雖然如此，但我們還是五分鐘後再吃吧！等待真的不容易，對不對？但是只要慢慢練習，一定會越來越進步的。」

先同理孩子的情緒，再向孩子解釋。重複這樣的過程，孩子就會慢慢成長。

最後要教孩子生氣時自己冷靜下來的方法。我會教大人呼吸法，那是心智訓練的基礎，而呼吸法對孩子也很重要。建議父母在家裡設置寧靜角落（Peace Corner），如果家裡有幼童，可以設置在客廳角落或沙發旁；如果孩子年紀再大一點，可以設置在小孩房間。也可以放一張懶人沙發，近來推陳出新的幼童座椅或室內專用遊戲墊等家用品也不錯，再放上孩子愛不釋手的毛毯或玩偶就更完美了。夜晚一到，在這個空間點上柔柔的燈光，並在牆面貼上孩子喜愛的卡通人物圖案，也是不錯的做法。關鍵就是打造出能讓孩子心情好轉的空間，不過要注意的是，別放太多東西，以免環境變得雜亂無章。請對孩子說：「這是寧靜的角落，當你覺得心裡不舒服、感到生氣或煩躁時，可以來這裡看看這些物品，同時讓心情冷靜下來喔！」

不過，如果孩子不僅動怒還哭哭啼啼，要說服孩子就不容易了，因此這也必須事先練習。前面曾介紹過二十秒擁抱技巧和感謝技巧，可以在寧靜角落進行這兩項活動。如果白天太忙，建議在晚上進行，讓它們變成生活常規。進行時，也可以播放孩子喜歡的輕柔童謠或適合在睡覺時聆聽的歌曲。如此一來，寧靜角落將會變成孩子真心喜愛且能得到慰藉的空間。

培養自我調節能力的呼吸法

接下來，要介紹能讓孩子心情冷靜下來的「氣球呼吸法」及「彩虹呼吸法」。

氣球呼吸法

首先，雙手十指緊扣舉到頭頂上，數到四的同時，一邊用鼻子吸氣，一邊將雙手往頭上舉起來，做出一個大圓形，就像氣球充氣後鼓起來一樣。接著一邊用嘴巴吐氣，一邊將雙手慢慢地放到頭頂上，讓圓形變小，就像氣球漏氣一樣。這時如果用嘴巴發出「噗噗噗噗」的聲音，孩子會覺得更有趣，快跟孩子一起玩玩看！對孩子說：「我們來當氣球，來比比看誰的氣球最大顆吧！」同時學習深呼吸的方法。深呼吸會活絡自律神經系統中的副交感神經，達到放鬆身體、穩定情緒的作用，孩子也會因此變得比較安穩。

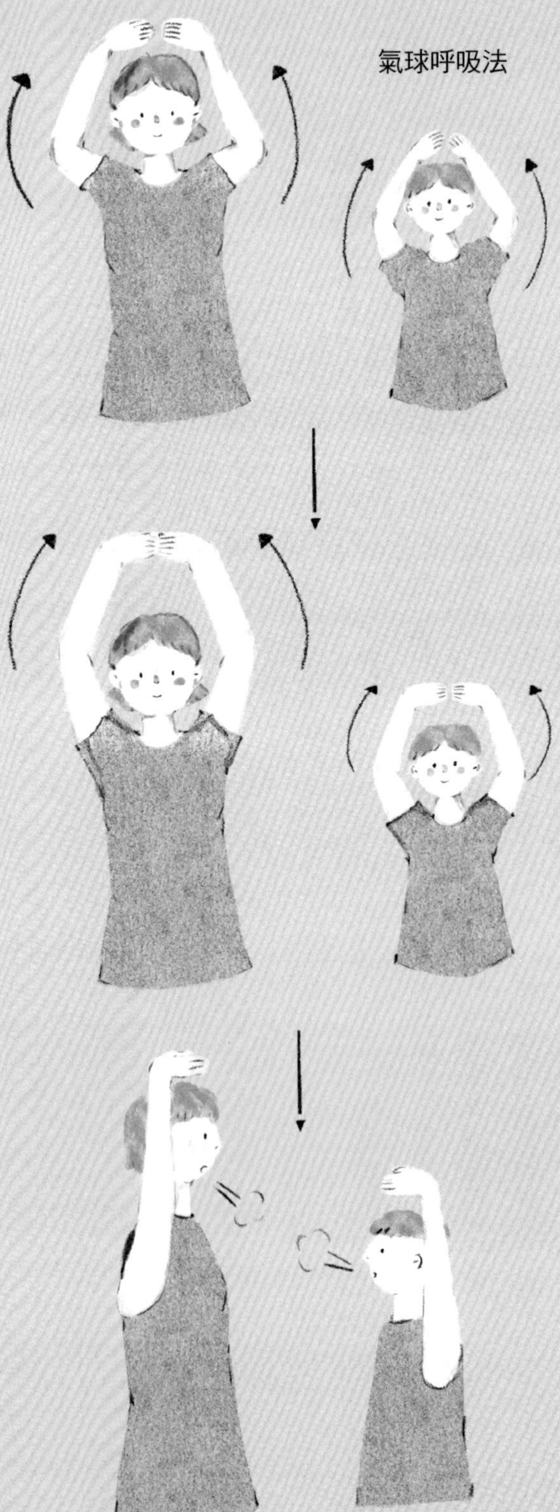
氣球呼吸法

彩虹呼吸法

接下來的彩虹呼吸法，也會使用到身體的大肢體動作。將手往左右側伸展開來，兩側雙臂平行後，一邊用鼻子吸氣，一邊將雙手往頭上舉起來，好像要碰到天空一樣，然後雙手合掌。接著手再次往兩側放下，同時用嘴巴吐氣。父母可以逗趣地向孩子說明：「我們要用手畫出彩虹喔！雙手舉起變成大彩虹，然後再把手放下來。」

像這樣呼吸幾次後，自然就會冷靜下來。慢慢呼吸的話，可以達到深呼吸的效果。大人也一樣，這裡也分享成年人適用的「4－2－4」呼吸法：用鼻子吸氣，慢慢吸氣四次後靜止兩秒鐘，再緩緩地用嘴巴吐氣四次。

受到自動化思考影響，人類在惡劣情況下會產生負面想法。此時自律神經系統中的交感神經會因亢奮而使人體出現呼吸急促、瞳孔放大、眼睛變圓以及心臟怦怦跳等反應。這時，只要慢慢呼吸，就能活絡大腦中的副交感神經，讓原本大腦覺得「情況危急、完蛋了」，透過慢慢呼吸冷靜下來。這是身體向大腦傳遞了「不是危急情況」的訊息，藉此轉換了大腦意識。雖然我們無法靠個人意志調整心跳速率，不過卻能藉由調整呼吸的同時，連帶調整自律神經系統。

孩子自己可能沒辦法呼吸得很順暢，這時可以進行更有趣的吹肥皂泡泡活動，因為吹

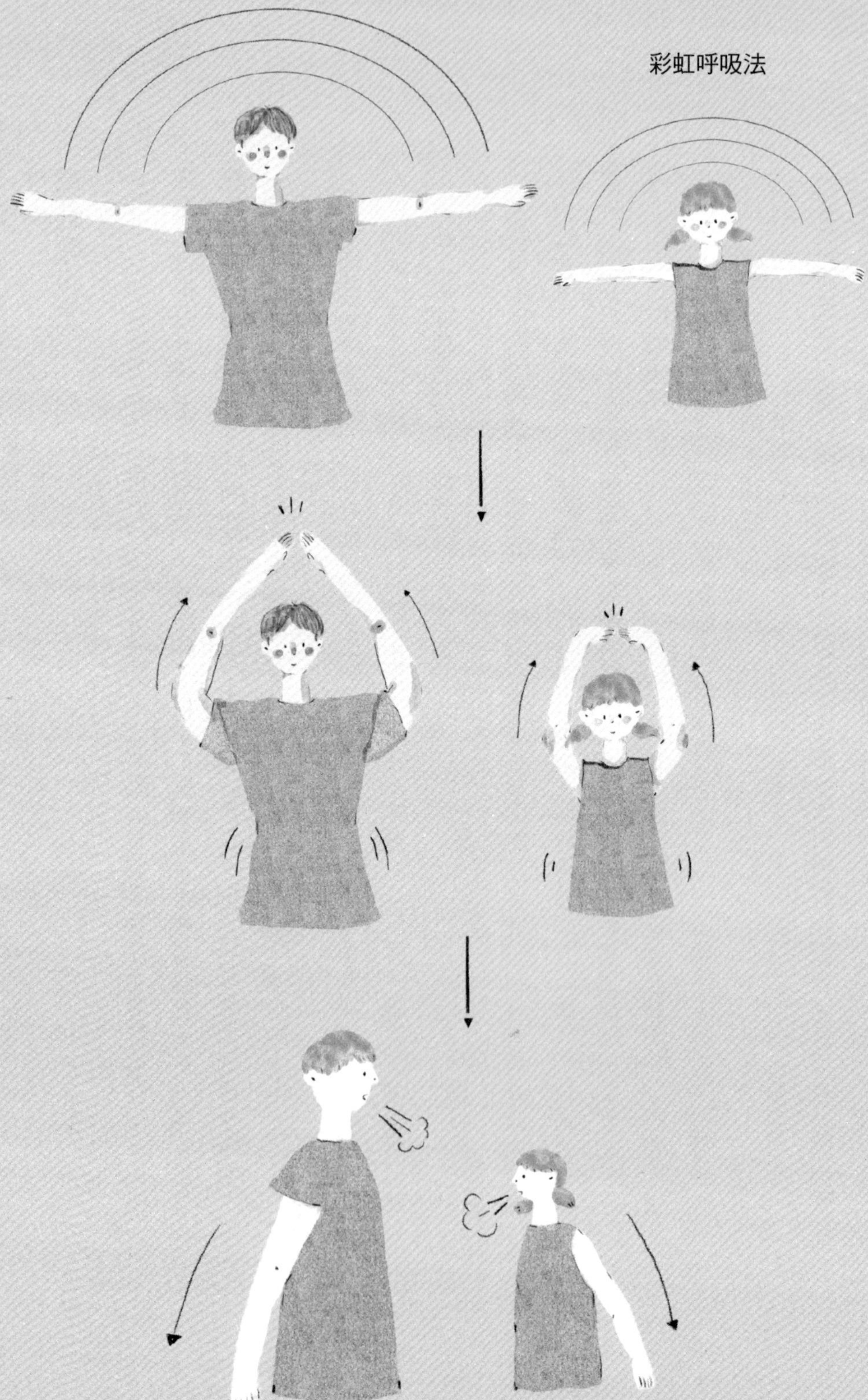
彩虹呼吸法

泡泡的動作自然就能達到深呼吸的效果。父母也可以採用相同方法，準備風車跟孩子一起玩。

請這樣教育孩子：「一邊呼吸，一邊讓身體安定下來。肩膀放輕鬆，臉部表情也放輕鬆，下巴不要用力。當你感到難過、生氣或心情沮喪時，可以來到這個空間，慢慢調整呼吸。媽媽難過時也會這樣調整呼吸喔！」

為了方便孩子想起氣球和彩虹，建議貼上圖片會更好。父母可以說：「要玩氣球呼吸法還是彩虹呼吸法呢？（如果準備齊全）也可以吹肥皂泡泡或風車喔！」只要像玩遊戲一樣反覆練習，孩子就會愛上這段時間，父母也能排解自己的壓力或緊張感，一舉兩得。當我有壓力、煩惱時，也會透過呼吸來調整心理狀態。要跟棘手病人面談的日子，我往往會有心臟緊緊揪住的胸悶感，但是我會透過呼吸告訴自己：「我可以應付這種狀況。」（I can handle it.）藉此靜下心來，如此一來，心情真的就會輕鬆不少。

生物有了生命後便開始呼吸，呼吸自始至終陪伴著我們的一生。一般而言，只要教會孩子這兩種呼吸法，它們將會變成孩子一輩子的工具。父母自己練習，並教會孩子，家庭氣氛將會變得更幸福和諧。

處理不安情緒的燙手山芋技巧

每當孩子出現不耐煩、無理取鬧、耍賴、任性驕縱等情緒時，父母總是焦慮萬分。在孩子還年幼時，父母要給予回應，並同理孩子的情緒，這比任何事都來得重要。不過，當孩子年紀漸長且培養出自我調節能力後，父母除了給予反應和同理之外，還需要多加一項條件。每個孩子都有跨不過的坎，可能是非常討厭某個東西、非常害怕某樣物品，或是絕對不做某件事、耍賴要求別人幫他做某件事……但是父母無法每次都照單全收。我在兒童心智科學到一個重要概念，如果希望孩子情緒健全發展，就必須讓孩子體會滿足感（Gratification）與挫折感（Frustration）兩種感受，並讓這兩者達到平衡。

生活中必然會遭遇挫折，經歷挫折再站起來也是一種學習，因此我們必須學習如何面對挫折。當孩子遭遇挫折時，大部分的父母都會萌生保護本能，想立刻替孩子排除挫折感。然而，若是每次都由父母替孩子排除，孩子將學不會面對挫折的方法。因此，父母除了告訴孩子：「你想吃餅乾，卻因為現在不能吃而感到難過啊。」之外，還必須補充說明：「即使難過，也要再等五分鐘喔！」此時孩子雖然感到挫折，卻能自行學習面對挫折的方法。

我將此方法稱為「燙手山芋技巧」。燙手山芋是指令人感到負擔，試圖逃避不去面對的事，也就是說，我們可以將不願產生的情緒或不願面對的狀況，稱之為燙手山芋。然而，比起除掉孩子的燙手山芋，父母真正需要做的是給孩子機會自己去處理燙手山芋。舉例來說，假設孩子為了得到玩具而大哭大鬧，這時相較於買玩具給孩子、解決棘手狀況，父母反而要協助孩子去面對那塊燙手山芋，也就是令人感到不舒服的情緒（得不到東西的失落感、沮喪的情緒）。

我朋友的孩子三歲時，曾經非常害怕水或飲料這類物品，對這個孩子來說，水就是燙手山芋。一般而言，父母都會說：「這有什麼好怕的？」然而，父母理應同理孩子的感受，說：「你討厭水對不對？」但是孩子絕對不可能避開水一輩子。這時，與其把水徹底清除，不如把水放在看得見且保有安全距離的位置。父母也可以用身體稍微擋住水，然後告訴孩子：「你不喜歡水對不對？水在那邊，離我們有段距離，媽媽在你身邊，所以別擔心。雖然現在你覺得不舒服，但是情況會慢慢好轉的。」

孩子可能會說：「不要，拿走。」甚至大肆哭鬧，這時父母必須協助孩子，讓孩子的心情穩定下來，同時靜心等待，以便孩子自行冷靜。一般來說，只要媽媽抱著孩子，並將水拿得遠一點，一段時間過後孩子就會平靜下來。這麼一來，孩子將會學到一件事，那就是自己做得到（I can handle it.）。媽媽沒有把水徹底清掉，水依然放在原地。孩子會明白，自己明明討厭得要命，卻沒有因此敗給水。

只要再三重複這樣的經驗，孩子就能慢慢面對各種燙手山芋。父母的態度是所有過程中最重要的關鍵。孩子已經很難受了，父母卻說：「別人家的小孩都好端端的，為什麼只有你這樣無理取鬧？你說水很可怕，這像話嗎？」每個人的燙手山芋都不一樣，因此我們必須懂得接納這樣的多元性。再者，若是說：「該拿你如何是好？」其實是表示連父母也無法處理這樣的棘手狀況。這時最需要的就是「忍」，而深呼吸則是最有效的方法。父母進行深呼吸的同時，也請告訴自己：「我能應付這個狀況。」燙手山芋當前，假如連自己都不知所措的話，想要教孩子如何自我調節，顯然是矛盾的。

如果父母能表現出自我調整的模樣，效果會更加顯著。即使孩子躺在地上哭得呼天搶地，媽媽依然保持平常心，孩子自然就會明白「那樣才是對的行為」。儘管過程並不容易，但請父母務必持續練習，並對自己精神喊話：「我有辦法妥善處理這個狀況。」

當然，孩子或多或少會有個別差異，所以父母也可能覺得自己的孩子特別慢熟；儘管如此，孩子依然會持續成長，因此不必感到過於慌張或不安，要相信孩子會慢慢長大，並且越來越好。父母也要對孩子說：「今天累了吧？不過還是很謝謝你願意遵照媽媽的話一起行動，相信你一定會越來越進步，我們繼續練習吧！」只要持續教導孩子，給予孩子勇氣，當孩子的好榜樣，孩子總有一天會長大成熟的。縱使一路上會有些辛苦，也請父母保持耐心，徹底遵守教養上的基本原則。

PRACTICE NOTES

陪孩子練習呼吸

跟孩子一起練習有助培養自我調節能力的氣球呼吸法與彩虹呼吸法。請想一想，當孩子面臨負面情緒或狀況時，該如何運用燙手山芋技巧跟孩子說話。

Q：跟孩子聊一聊，一起做氣球呼吸法時感覺怎麼樣？

父母：

孩子：

Q：跟孩子聊一聊，一起做彩虹呼吸法時感覺怎麼樣？

父母：

孩子：

Q：孩子有哪些討厭的狀況？可以對孩子說什麼話？

（例如：你覺得這部分很困難，媽媽在你身邊，所以別擔心，只要多加練習就會慢慢改善。）

影響一輩子的習慣，好好制訂常規

制訂親子共同遵守的常規

在此，我想強調家庭中例行常規與儀式的重要性。早上起床後先感謝，接著盥洗、吃早餐，再去上學，這樣每天反覆進行的事就是例行常規。制訂例行常規對父母、對孩子都是好事，因為這表示大家過著健康的生活。

先跟孩子討論後再訂出例行常規，可以運用前面說明過的重點，訂出規則。

訂好例行常規後，孩子更能好好遵循規定。孩子偶爾會有拖拖拉拉的時候，這時計時器便能派上用場，尤其早上父母明明為了順利出門忙翻天，孩子卻一副事不關己的樣子。碰到這種情況時，與其追著孩子跑，不如由父母協助孩子自己完成該做的事，父母只要維持「我是你的幫手」的態度就好。

倘若孩子無法好好遵守例行常規，使用圖卡會有所幫助。依照順序，在卡片上畫出進行呼吸法、擁抱二十秒、吃早餐、刷牙等圖案，然後在家庭會議時提出這項例行常規，並透過 OT 技巧確實執行。OT 技巧不是進行一次就算了，而是要反覆數次，以便孩子徹底熟悉。建議每週針對例行常規檢討一至兩次，父母必須藉由「哪些項目我們進行得很順利？」、「我們最近的表現如何？」等提問，檢討執行成效。

晨間例行常規	晚間例行常規
* 擁抱二十秒 * 感謝技巧、呼吸法 * 吃早餐 * 刷牙、洗臉 * 整理書包 * 梳頭髮 * 穿衣服 * 出門	* 洗手 * 寫功課 * 玩耍 * 吃晚餐 * 洗澡 * 穿睡衣 * 感謝技巧、呼吸法 * 閱讀時間 * 擁抱二十秒 * 睡前親吻

依序將畫有例行常規的圖卡貼在顯眼處，詢問孩子：「現在，我們必須做哪個項目呢？」孩子就會看著圖說出：「現在要擁抱二十秒。」如此一來，親子就能一起執行。

「接下來要做什麼？」

「接下來要刷牙、吃早餐。」

孩子看著圖卡想起自己該做的事，同時練習遵守例行常規。相較於紙上談兵，對孩子來說，眼見為憑更為重要，而且也更熱衷於身體力行、親手實踐的感覺。每當完成某個例行常規的項目時，讓孩子自己畫上圓圈註記、拆下圖卡放在某處或是翻過來，以此表示完成某個項目，會讓孩子感到有趣，甚至很有成就感。

假如孩子表現良好，記得稱讚孩子；縱使進度有些緩慢，也請鼓勵孩子：「這不太容易對不對？我們要不要再試一次呢？」由於孩子欠缺忍耐力與堅持不懈的能力，因此需要更多耐心。孩子也不會因為父母施壓或催促就產生這些能力，因此在這些能力完全發展之前，父母必須不斷協助孩子。

晚間例行常規比晨間例行常規冗長，因此可以一分為二，分成傍晚例行常規與夜晚例行常規。傍晚例行常規有洗手、寫功課、玩耍、吃晚餐等，親子根據家庭狀況妥善安排即可。夜晚例行常規可安排盥洗、換睡衣、閱讀時間、感恩時間、擁抱二十秒等內容。

親子根據家庭狀況訂出期許孩子能自行完成的項目，之後再靜待一段時間讓孩子熟悉。若對例行常規賦予意義，常規將會成為一種儀式。雖然早上吃早餐、穿衣服單純只是例行常規，但是晚上播放輕音樂後一起進行感恩、擁抱二十秒、閱讀等親子活動，這段時間將會充滿儀式感，同時也是親子互相給予愛與關懷的時光。

當孩子有不喜歡做的事情時，也可以訂為例行常規，並在其中添加富含趣味或親情的過程，變成有儀式感的一件事，孩子做起來就會更加容易。舉例來說，假設孩子討厭上學，父母便可安排「上學儀式」，先在家門前擁抱，將上學變成一種儀式。偶爾會看到老師迎接學童上學的影片，影片中老師會跟學童進行特別的擁抱動作、擊掌、特殊的握手方式等行為，這些便可稱為一種儀式。在這些每天必做的例行事項中添加有意義的成分，孩子遵循時也會覺得趣味十足，並且因此感到幸福。

不只是孩子，例行常規和儀式對成年人的生活也有諸多幫助。舉例來說，我雖然想要每天游泳，但有時早上起床也會感到厭倦，因此每當游泳結束後，我都會躺在充氣泳圈上漂浮十五分鐘，這段時光對我來說格外清靜，度過這段時光的同時，我會感謝一切。對我而言，游泳不僅是例行常規，也是一種儀式。

父母也有討厭的事，若是藉由跟孩子一起制訂例行常規與儀式加以克服，日子就會過得越來越幸福。

民主型家庭也需要制訂常規

如果父母採用民主型的教養方式，可能會認為家裡不需要例行常規或規則，我其實也看過那樣的家庭。當然，倘若家庭中的炊飯技巧落實得宜，孩童依然可以健康長大。

然而，不論是大人還是小孩，在適當的例行常規下將能享有更健全的生活。即便是大人，在毫無例行常規的情況下隨心所欲的話，往往會越來越疲憊。尤其睡眠習慣是精神與身體健康方面相當重要的部分，就算白天過得自由自在，若有晨間例行常規和晚間例行常規，生活會過得更安穩愜意。針對一天該如何開始、如何結束，制訂出一定程度的規範，對家庭生活將會是健康而且正向的。孩子日後會活到一百歲，如果能從小養成良好的健康習慣，將會是一輩子的福氣。

每當提到例行常規的話題，必定會有父母請我分享讀書方面的例行常規，這部分父母也可以試著跟孩子協商後，再訂出相關規則。不過我想再次強調，只要炊飯技巧落實得宜，父母即使沒有過度介入與孩子相關的每件事也無妨。炊飯技巧落實得宜，意味著父母在生活中有給予足夠的關愛訊息（無條件的愛與絕對存在價值），也就是父母有確實教育孩子生活的價值與心態。孩子會在其中學會信賴、責任感、貢獻與關懷這四種價值，因此對於確實完成該做事項的觀念也會越來越強烈。

倘若父母能表現出好榜樣，同時也教導孩子生活上的例行常規，就算沒有碎碎唸或一直叫孩子去念書，孩子也會知道要盡自己的責任。我此處所提到的念書責任，是指孩子去上學以及完成學校作業。

假使父母讓孩子從小自由自在地盡情玩耍，不但會擴大孩子感興趣的事物與嗜好，也會讓孩子產生好奇心，如此一來，孩子將會根據自己的喜好進一步鑽研。我強調過許多次，只要地基打得好，孩子就能自己長大。在地基沒打穩的情況下，卻要求孩子把書讀好，以長遠來看絕對不是健全的教養方式。

PRACTICE NOTES

共同制訂常規

訂出父母和孩子一同參與的例行常規。

Q：家中有什麼晨間例行常規呢？

Q：晚間例行常規有哪些呢？

Part

04

孩子會吸收父母的心態

每個人與眾不同是理所當然的，但我們卻經常忘記這件事。
如果能理解彼此之間的差異，
父母一定也會更加包容孩子所表現出的各種面向，
理解每個孩子都是特別且與眾不同的。

每個孩子都獨一無二

孩子與眾不同是理所當然的事

孩子平安無事地健康長大是父母最大的心願，健康尤其重要。但身為醫生，我必須說其實許多孩子都有弱點。有一些孩子困擾於心理或精神發展的不足，也有一些孩子飽受氣喘、異位性皮膚炎、兒童糖尿病等醫學方面的疾病所苦。如前所述，我自己也患有ADHD和其他疾病。

我之所以提到這個話題，是希望大家可以更自然地接納「是人都會生病、是人都有弱點」的事實。當然，我們都希望孩子健健康康，但是從某方面來看，人有某項弱點也是理所當然的。任何人都有弱點，只不過是程度上的差異罷了。

這稱為神經多樣性（Neurodiversity）。如果世界上存在著魚、猴子和老虎，而這件事可跟多樣性畫上等號，那神經多樣性則意味著大腦中也存在著多樣性。簡而言之，孩子們的大腦都不一樣，因此父母別忘了每個孩子都「與眾不同」。

傳統社會認為：「每個孩子都有相似的特質，因此必須取出平均值後互相比較。」這與現今尊重多樣性完全背道而馳。我們不該再以平均的標準來衡量孩子，從現在起請不要再說「要達到平均水準，在班上成績至少要維持在中段以上」這樣的話。**每個孩子都**

與眾不同，又怎會有所謂的平均值？若拿成績替孩子排名，或許會有平均值，但是以統一的標準替人類排名的想法，本身就是不正確的，現在必須要徹底根除才行。在形形色色的人當中，平均的概念是毫無意義的。

真正重要的是，**父母要培養出懂得開拓自己人生，並認為「我的人生活得很值得，我的未來充滿希望」的孩子，而不是養出自認為「我有保持平均水準」的孩子**，因為這樣的孩子在比自己優秀的孩子面前會感到自卑，在不如自己的孩子面前卻又覺得傲慢自大且自命不凡，兩種心態都不健康。因此，我希望父母的大腦中可以徹底清除「平均」的觀念，只要記得每個孩子截然不同，自然就不會有比較的心態了。

有句話說：「拿蘋果和橘子做比較。」（Comparing apples and oranges.）這句話意指拿兩個無法相比的事物互相比較。蘋果和橘子哪一個比較好、哪一個比較差，比得出來嗎？我說得出自己比較喜歡哪一個，但是說不出哪一個比較好。

跟蘋果和橘子相比，我們的孩子更加與眾不同，就好比拿猴子和魚比較一樣。正因為每個人都不一樣，所以才會無從比較。

假如沒有尊重彼此的多樣性，只要求每個人排成一列，將會助長自卑感。各位想成為培養孩子自卑感的父母嗎？大概沒有這種父母吧！因此，縱使孩子有某些弱點，父母在擔心「孩子現在該如何是好？往後的人生要如何度過？」之餘，也千萬別漠視孩子的優點與強項。我反而會稱這樣的孩子為特別的孩子，父母要記住的是，他們不是「有問題」，而是「與眾不同」。

每個人都會失誤

來分享一個有趣的生物學故事。大家都知道人體中有DNA，DNA長得像螺旋梯，位於螺旋梯狀骨架上一階一階如梯子的則是鹼基對（DNA base pairs），在人體中約有三十億個。如果要創造一個新生命，必須持續複製母親身上三十億個鹼基對與父親身上三十億個鹼基對，加總起來有三十億對。此複製過程不是仰賴電腦或機器，而是由生命主導，正因為如此，勢必會產生失誤——因此，我們可以這麼想：

「每個人都會失誤。」

沒有人是零失誤的，每個人都有失誤的時候，只不過有些人失誤的位置比較明顯，有些人失誤的位置比較不明顯罷了。因此，我們的孩子比較特殊或不一樣，也是理所當然的事，所以不用覺得：「這個孩子為什麼特別不一樣？」我們每個人都不一樣，只是這個孩子的特殊之處，剛好在比較顯而易見的地方罷了。

人體內約有三到四萬個基因，人類有臉孔、四肢，這些條件大致是相似的。既然有相似的部分，相反地，也會有不同的部分。人類不僅長相大相逕庭，才華能力也不盡相同。除了這些誤差之外，當然還存在著將近四百到五百萬個變異的部分。因此，我們每個人才會如此不同。生活環境不一樣，父母不一樣，家庭背景或教育背景也不一樣，甚至連宗教信仰或社會文化背景也不一樣……所以我們每個人才會這麼地獨特。

每個人與眾不同是理所當然的，但我們卻經常忘記這件事。如果拿同一個標準跟他人比較，就連大人也會感到不是滋味，孩子們也一樣。如果能理解彼此之間的差異，父母一定也會更加包容孩子所表現出的各種面向，理解每個孩子都是特別且與眾不同的。

比起擅長每件事，專注在強項上更重要

為了避免誤會，我想在此點出一件事。倘若父母覺得自己的孩子有點不一樣，或是發

展方面比其他孩子遲緩，我會建議父母先帶孩子去檢查。檢查不一定是為了接受醫生的診斷，而是藉由檢查看出孩子的特質，瞭解哪方面是孩子的強項，哪方面是孩子的弱點，但不用感到太過焦慮。一旦知道孩子缺乏哪方面的特質，父母便可針對該部分給予協助，使其能發展得更好。

藉由檢查掌握孩子的強項與弱點，然後專注在孩子的強項上。舉例來說，孩子可能有音樂、空間知覺方面的優勢，那麼父母便可思考「該怎麼做才能讓孩子的優勢發揚光大」以及「該如何改善弱點」。

事實上，約有百分之十左右的孩童患有ADHD，成年人的部分則是百分之四到五，比例相當高。近來患有自閉症類群障礙症（Autism Spectrum Disorders, ASD）的人也越來越多，約有百分之一到二。另有調查指出，患有智能障礙的人有百分之一到三左右；閱讀障礙雖然會根據判定方式而有所差異，不過比例也有百分之五到十五，甚至達百分之二十；學習障礙則有百分之十左右。有憂鬱傾向或容易感到不安的孩子，加起來則有百分之十左右。

看完這些數字後，你有什麼感想呢？

這並非漠不相關的事，我們身邊確實有許多這樣的孩子，這些孩子有多元特質，每個人都是特別的。然而，察覺孩子有這些弱點的父母，往往只會將焦點放在缺點上。請別這麼做，試著將焦點放在孩子的強項上吧！近來具備特殊強項的孩子也能找到合適工作，甚至能拓展職涯方向，有時這些特殊強項反而變成優勢。即使身上帶有我們常說的障礙、缺陷，但是越來越多人將這些障礙、缺陷，開創為自己的一部分。

世界級游泳選手麥可・菲爾普斯（Michael Phelps）患有ＡＤＨＤ及憂鬱症的事實眾所皆知，因此他表示自己不但有向醫師諮詢，也有接受藥物治療，而這樣的他是如何取得今日的成就呢？因為患有ＡＤＨＤ的人只要迷上自己熱愛的事物，便會帶著熱情全心全意投入其中，所以若是真有兩把刷子，從事運動相關活動再適合不過了。請記住，只要能好好發揮優勢，就算孩子有某方面的弱點，依舊能展現巨大潛力。

面對特殊兒，父母的心態應該如何調整？

我是發展障礙專家，每當看著孩子們，我總會產生這樣的念頭，希望在以後的將來，障礙將不再是絆腳石。在過去，身體殘疾是相當辛苦的一件事，但近年來拜技術發展所賜，原本無法行走的人也能走路了。以前必須坐輪椅的人，如今也能跑步了*。以前是障礙，不過隨著技術能力的提升，障礙再也不是障礙了。

諸多發育上的疑難雜症也一樣。現在就連科學技術也能幫助人類進行溝通。我有嚴重的ADHD症狀，假使出生在以前那個年代，我可能就不會有今天了。現在，手機備忘錄、鬧鐘、電腦行事曆等各種功能自動化，彌補人類大腦的不足；未來，受到人工智能與機器人的影響，生活會變得更加便利。因此，孩子身上的缺陷不會扯後腿，更不會讓孩子一事無成。只要好好思索一番，一定會有一條能讓孩子步上滿意人生的道路。

父母抱持這種心態是非常重要的，唯有如此，才有辦法對孩子表達出同樣的信念；為了孩子的存在價值，請父母對孩子這麼說：

「我們每個人既是星星也是鑽石，星星上有火山口、凹陷處、突起處，有些地方看起來美美的，有些地方看起來醜醜的，但這一切加加總總，使我們成為星星，成為鑽石。你也是一樣，有強項也有缺點，而且你擁有強大的潛力，只要盡情發揮就可以了。」

不只孩子要這樣想，父母也要有這樣的觀念。成長過程中接受這些訊息長大的孩子，

*如南非籍的奧斯卡・皮斯托瑞斯（Oscar Pistorius），是雙腿裝有義肢的奧運田徑選手。

跟聽著「你是怎麼搞的？其他孩子都會的事，你弄成這樣要怎麼收拾？」這些話長大的孩子，將會顯露出完全截然不同的結果。

即使孩子比較特殊，父母也要讓孩子知道「你是擁有絕對存在價值的人」，並且無條件關愛孩子，提供正確的價值觀教育。不過，發育方面有問題或比較遲緩的孩子，請父母要特別關注兩件事。

第一是溝通。如果語言溝通順暢是好事，但萬一孩子言語表達有困難，父母也要想盡辦法找出其他溝通方式，如使用溝通設備等，讓親子能順利溝通。你一定看過史蒂芬．霍金（Stephen Hawking）博士透過電腦進行溝通的樣子，在未來，溝通器材一定會更加發達。

人與人之間溝通不良的話，往往會衍生出各種問題。假如無法完善表達自己的想法或需求，那會是多麼鬱悶難受的事，甚至可能出現不安或憤怒的情緒。因此，如果孩子溝通能力不足的話，建議父母要從孩子年幼時便給予協助。如前所述，可以先帶孩子接受檢查，必要時接受語言治療也是好辦法。

第二是自我調節能力。任何人都要學會自我調節能力，尤其是有弱點或有發展障礙的孩子，自我調節能力對他們更加重要。因為孩子假如無法自我調節，一旦出現或從事問題行為時，可能會帶來安全上的危險。這麼一來，這將會成為孩子在社會上健全發展的絆腳石。

請父母在溝通、自我調節能力這兩件事情上多加費心。如果孩子有引發事端的缺點，應設法彌補它，並將焦點放在孩子的強項上，然後引導孩子朝自己熱愛且感興趣的事物發展。前面我曾提過，可以放大孩子對關注事物與遊戲的喜愛，進而加以延伸、指導，是最好的辦法。

PRACTICE NOTES

理解自己的家人

每個人擁有不同特質與性格是理所當然的事。跟孩子一起討論家人有哪些缺點，然後寫下來。

Q：我有哪些缺點？

Q：孩子有哪些缺點？

PRACTICE NOTES

每個人都是特別的。跟孩子一起討論家人有哪些優點，然後寫下來。

Q：我有哪些優點？

Q：孩子有哪些優點？

Q：對於各自熱愛且擅長的事，父母和孩子以後該如何付諸行動？

如何養出心智堅定的孩子？

耐心是身為父母的必備品

父母有時必須教孩子規則，尤其是跟安全相關的事物或基本責任。為這些事項制訂規則後，讓孩子練習，若是進展不順利，可以這麼說：

「今天你做了五分鐘，還有些困難對不對？今天練習過了，相信明天會更進步。」

孩子也有可能完全無法遵守規則，即使如此，也請告訴孩子：「不容易吧？你好像還沒準備好，再多練習就好，謝謝你努力嘗試。」不過，若是孩子耍賴、不遵守規則，先別這麼做，必須等到孩子的情緒風頭過了之後再說。可以在睡前儀式中擁抱二十秒，然後告訴孩子：「辛苦了，謝謝你依照自己的方式努力嘗試，我們再練習吧！」

就算是大人也無法一學就會，我也會教病患大大小小的事，他們只要做到七八成就很了不起了，更何況是孩子。在父母教了十次的情況下，孩子有做到二、三次就已經很不錯了。

聽到這些話，一定會有父母忍不住嘆氣，由此可知耐心有多麼重要且不可或缺。父母要記住的是，孩子並不是不反抗，而是能力還不足以反抗罷了。

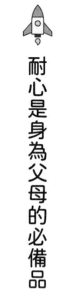

所以父母最好練習能讓自己鎮定下來的呼吸法，就像在白米中加水、開火後靜靜等待一樣，教導孩子基本觀念並給予關愛後，靜靜等待相當重要。途中如果耐不住性子亂翻亂攪的話，就會毀了一鍋飯。要懂得等待，然後反覆練習再等待，經過種種過程後，孩子將會越來越能遵守例行常規與規則。

該如何回饋孩子

比起將焦點放在孩子的成果上，父母更應該聚焦於過程上，尤其是孩子的分數，希望父母不要對分數賦予太高的價值。倘若孩子對讀書不在行，父母可以這麼想：

「或許可以用更有趣的方式讀書？」

「這樣讀書是不是有些無趣？有沒有其他讀書法呢？要不要找其他的書來看呢？有沒有線上課程？」

透過這些方式找到合適的做法，才是重要的過程。父母詢問孩子：「你的癥結點是什麼？我該如何協助你？」也是不錯的辦法。

孩子付出努力且做得好時，請父母務必稱讚孩子，特別是稱讚孩子付出努力的過程：

「你這次真的很認真讀書，不簡單呢！」

也請稱讚孩子的價值：

「你很盡責、很認真呢！」

然而，多數父母幾乎不會針對過程與價值給予孩子反饋，只會針對分數給予回應或獎勵。前面我曾提過內在動機與外在動機，藉由獎勵提供孩子外在動機，是父母務必留意的事項。

我還要提醒一件事，那就是別指責孩子的外在缺陷。父母最好不要提到孩子的外貌，稱讚孩子長得好帥、好漂亮看似無妨，但若經常讚美孩子的外貌，可能會讓孩子認為長得帥、長得漂亮是自己的重要價值。倘若過度重視外貌，孩子會開始跟他人比較，進而容易產生自卑感，甚至會因為外貌等同是自己的價值，而渴望擁有更出色的外型。一旦陷入其中便毫無止境。

外貌是與生俱來的，無法輕易改變。如果在意無法單靠己力改善的事，往往會產生無力感。請讓孩子知道，我們不是因為孩子長得漂亮、長得帥才愛他們，而是愛孩子這個存在。更不用說負面的話，最好連提都不要提。教養孩子時將重點放在孩子的內在，孩子才會成為一名身心健全且心智堅定的大人。

PRACTICE NOTES

心智堅定的孩子

為了培養出心智堅定的孩子，父母的態度至關重要。跟孩子達到的成果相比，父母更應該聚焦在孩子付出努力的過程。

Q：當孩子遵守規則時，有哪些可以稱讚孩子的話？

Q：孩子最近付出努力的事有哪些？

Q：針對孩子付出努力的過程與價值，有哪些可以稱讚孩子的話？

有幸福的父母，才有幸福的孩子

雖然無法人人都是贏家，但是人人都可以成長

幸福的父母，與不安的父母有哪裡不一樣呢？答案是信念。幸福的父母相信孩子，也相信自己的孩子深具潛力。相反地，不安的父母難以相信孩子是有潛力的這件事，否則就不會安排時間表，然後逐一檢查每件事，對孩子緊迫盯人。

如果有確實落實我所說的教養原則、子女教育基本觀念，相信孩子一定會順利長大，其餘的事輕鬆以待也無妨，靜候孩子發揮早已具備的潛力即可。孩子會成為一名航向自己航道的船長。教導孩子正確的價值觀，並協助孩子成為一名獨當一面的船長，不論是孩子還是父母，都會越來越幸福，親子關係也會越來越親密。

由「讓孩子乖乖聽我的話」的想法，轉變為「協助孩子做出好抉擇」，是非常重要的觀念。

你想過嗎？父母在孩子身邊已辛辛苦苦地跟前跟後二十年，一手包辦所有的事，但孩子長大成人，步入三十歲甚至四十歲後卻遲遲沒有獨立，父母還得繼續為孩子打理每件事。光是想像這件事，是不是就全身起雞皮疙瘩了呢？咬緊牙根奮鬥了二十年，好不容易把孩子送去讀大學，以為自己的任務就此結束了，如果知道自己日後還要再辛苦十

年、二十年，身為父母作何感想？事實上，這樣的家庭絕非罕見，而且親子之間的關係早已疏離，整體來說是一片混亂。

與其說父母現在背負的責任多數是無可避免的，不如說一切都是父母自找的。因為擔心孩子跟不上別人，所以別人做什麼就跟著做什麼，導致明明不用背負的責任，到最後都扛在自己身上。

然而，那些扛在父母身上的責任，卻使得孩子更加依賴父母。孩子的責任就該交給孩子自己扛，父母則要卸下不必要的責任。現在還來得及，請父母鼓起勇氣，並且相信孩子的潛力，如此一來，一定會否極泰來的。

我常常把一句話掛在嘴邊，那是身兼修女、演說家、作家的瓊・齊諦斯特（Joan Daugherty Chittister）曾說過的話：**「我們來到世上不是為了贏得勝利，而是為了成長。」**（We are not here to win, we are here to grow.）

孩子來到世上不是為了贏過別人，也不是為了得第一，因此孩子只要盡到應盡的本分就好。雖然無法人人都是贏家，但是人人都可以成長。

比升學制度更需要優先改善的事

父母們只提供孩子外在動機，在競爭激烈的環境下養育孩子，同時責怪升學制度的不是，並說：「制度不修正，不得不對孩子施壓。」這麼說也沒錯，制度確實有問題，但是非得要制度修正了，父母才能改變嗎？

聽過「眼鏡蛇效應」（Cobra Effect）嗎？十九世紀時，印度德里一帶眼鏡蛇突然大量繁殖，眼鏡蛇屬於毒蛇，所以事態相當不妙。後來政府宣布只要殺死眼鏡蛇就能獲得賞金，於是人們開始到處捕捉眼鏡蛇，眼鏡蛇的數量便大幅減少。

原本以為這個方法奏效了，但眼鏡蛇的數量又突然開始急遽增加，到底是怎麼一回事？原來，是因為人們知道抓到眼鏡蛇，政府就會給賞金，於是開始飼養眼鏡蛇販售。像這樣，制度的出發點是好的，結果卻適得其反，這樣的現象便稱為「眼鏡蛇效應」。

舉個類似的例子，韓國曾在一九八〇年代下令全面禁止補習，原因在於有錢人家會讓孩子補習，窮人家卻補不起，社會上的差距衍生出不平等的問題。這項政策的用意良善，聽起來也合乎邏輯，但結果怎麼樣呢？因為補習違法，所以大多數的人沒辦法補習了——但是有本事的人依舊能逃過法網，讓孩子補習，因此，這反而形成更大的差距；最後，這項法令遭到了廢除。

大家總說必須先修正制度，而我們也認為人人都會依循制度而行動，但是實際上制度所反映出的現況，往往才是人們真正的想法。

這幾年間，升學制度修改得有多頻繁？這麼做有改變教育文化嗎？韓國從大學入學學力考查制度改為大學修學能力試驗*，**學生有變得越來越幸福嗎？**

是的，制度確實需要修正，但是制度修正了，如果想法沒有改變，終究改變不了文化。相反地，人們一個接一個改變想法後，文化也會隨之改變；一旦文化改變了，制度勢必也會跟著改變。試想，現在所有人都認為必須終止升學導向為主的填鴨式教育，並開始付諸行動，那麼文化也就不得不跟著改變。

近來全球各地發起「MeToo」運動，制度卻沒有全球性地大幅修正。男女平等的制度已存在許久，但由於人們的想法沒有改變，因此既有的制度也無法如實發揮影響力。然而，「MeToo」發起前與發起後，大家能感受到尊重女性的文化有明顯進步許多——這不是新制度產生所造就的成果，而是**人們開始一個接一個站出來發聲，使得文化開始跟著改變所導致的。**

我認為教育環境和教養環境也一樣。即使父母設法將孩子養育成對未來有所準備的人才，但是倘若人們的想法始終沒有改變，那也無濟於事。假如父母們最重要的教育目標是讓孩子考上頂尖大學，那麼不論如何修正制度，升學導向為主的填鴨式教育終將一直延續下去。

只要想法改變，文化就會跟著改變；只要文化改變，制度也會隨之改變。縱使制度沒有修改，現況也有可能變得不一樣，甚至更令人感到期待。我深信，世界正在急遽變化，因此制度很快也會有所改變。然而，等待制度改變的同時，我們豈能在當前的教育文化中，眼睜睜地看著孩子們的心靈與精神繼續受苦？我們必須率先改變想法，再盡快改變文化——多一個孩子也好，我們必須讓孩子全然地相信，他們具有絕對存在價值，是值得受到關愛的人。我們再也不能放任孩子去相信自己會因為成績而變得毫無價值，我們必須終止孩子因成績而感到絕望甚至尋短的事件再度發生。

這種時候往往會聽到有人說：「就算我改變想法好了，其他人還是統統去補習，只有我家小孩沒補習，我真的很擔心小孩跟不上。」這是從眾效應所致，因為「別人都這麼做」而感到有壓力，這是自然且可以理解的反應。

＊南韓高中升大學考試，相當於台灣的學測。

然而，改革者一直存在於世界上，他們帶來更好的想法，但創新想法往往不會在一開始就成為一大趨勢。這時，會有一群早期採用者（Early Adopter），他們會認為「那似乎是不錯的想法」，然後比其他人更早接納創新想法。一開始只有少數人接受，但是當新做法優於舊方法的消息傳出去後，便會就此開啟改變的大門，正式迎來引爆點（Tipping Point，有經濟學家表示，超過百分之十六的人接受新觀念後，就會達到臨界點）。如此一來，創新想法將會迅速變成一大趨勢，原本抱持舊有觀念的人們也會因為擔心落後，而開始感到不安。

希望大家都能成為早期採用者，「本質教養」是養育對未來有所準備的孩子的一條路，也是讓父母安心的教養方式。倘若能藉此展現父母培養出孩子更幸福、身心靈更健康、更勇於開拓自己人生的樣子，反而會讓採用舊方式教育孩子的人感到不安，並且產生「我是否也要那樣培養孩子才對？」的想法，屆時再親切地為他們引路即可。

當每個人都團結一致時，相信就能掀起一場教養與教育的新浪潮！

PRACTICE NOTES

一起變幸福

請父母鼓起勇氣，相信孩子的潛力，並從旁協助孩子成長。作為一名幸福的父母，為培養出身心健全又幸福的孩子，請卸下教養的負擔，以前文提到的內容為基礎，寫下日後教養之路上對自己與孩子的承諾。

結語——

為了孩子與自己，請鼓起勇氣

認真養育孩子的父母的最終期盼是什麼？不就是希望孩子能平安長大，對自己的人生感到滿意，並對未來抱持希望嗎？但是環顧生活周遭，卻鮮少有人這樣生活。活到三十幾歲，過的不是自己渴望的人生，而是走在父母所期許的那條路上；到了四十歲，依然不知道自己真正盼望的是什麼樣的人生。

前面提及的全球幸福報告，是透過六個項目來調查各國的幸福感所得出的結果，其中一個項目問及「選擇該如何度過自己人生的自由」。請捫心自問，並想一想，自己真的擁有自由選擇如何度過自己人生的權利嗎？自己真的可以朝自己理想的方向前進嗎？在這個忙於追隨他人腳步的人生中，有多少人能夠說出自己可以朝理想方向前進，並過著自己想要的生活？倘若這樣的自由被侷限了，幸福感也會受到限制。

自主權（Autonomy）是貫穿本書的重要概念。推動美國獨立革命的美國律師、政治家派屈克・亨利（Patrick Henry）曾說過「不自由，毋寧死」（Give me liberty, or give me death!）的名言。假使人類的自主權被剝奪了，是無法幸福的。對某些人來說，失去自由的人生還不如結束算了。

我們在養育子女的同時，保護年幼孩子免於受到危險，並提供成長所需的安全環境，是理所當然的事，但是不能以此為藉口，忽略孩子們的自主權。獨立自主是養兒育女的終極目標，因此務必要培養孩子的自主性。

如同我擁有自由替自己人生下重要決定的權利一樣，我們的子女也有相同的權利，父母不能對孩子說：「我比你更瞭解你人生中的重要決定，所以你必須聽我的話。」任何人都無權侵犯子女的自主權，父母亦然。

我非常渴望擁有孩子，儘管努力治療不孕症好幾年，依然無法懷上身孕。對此我當然深感遺憾，並曾經向媽媽傾吐我的心情：

「媽，如果我有自己的小孩，我有信心可以好好養育他。真的好想生一個跟我長得很像的孩子，讓他快樂地活在世界上。」

媽媽在電話另一頭說道：

「妳啊，不是為了好好養他才生下孩子的，孩子不可能樣樣順著妳的意，更不是為了依照妳的養育方式而被生下的。」

「嗯？」

「是為了愛而生下孩子的。」

這番話猶如當頭棒喝！我是出於貪念才渴望擁有孩子。我說會好好養育孩子，不是因為我深愛孩子，而是出於我的貪念。正因為如此，對孩子的基本尊重與對孩子人生自主權的尊重，全都籠罩在我想好好養育孩子的私心中。

現在我已錯過能懷上孩子的黃金時期，用愛飼養著兩隻愛犬，牠們真的很討人喜愛。雖然有人說養寵物跟養小孩有許多共通點，實則有極大差異，那就是養寵物的終極目標，並不是為了養出一隻獨立自主的寵物，因此我限制了牠們的諸多自由。我總是要餵飽兩隻狗，替牠們洗澡，照顧牠們，所以讓牠們乖乖聽我的話是無可避免的部分。我愛毛小孩，但是難以尊重牠們的自主權。

我們的子女，從來到世上的那一刻起，就必須受到其存在本身的基本尊重，唯有各自的自主權受到尊重，才是真正的存在。如此寶貴的生命經由我誕生於世上，為了被我疼愛而誕生，因此父母有責任關愛孩子，並做好萬全準備好讓孩子成為獨立自主的大人，從此開拓自己的人生。為此，培養並尊重子女的自主權，便可說是盡到為人父母的責任。除此之外的任何期待，全是自己的貪念罷了。

如今我們必須打破子女是我的附屬品的錯覺，我們都應受到平等尊重，如同我希望在世上受到關愛一樣，請父母也要深愛來到自己身邊的寶貴生命，然後同等地尊重子女，並傾聽子女的意見與想法。

讀到這裡的各位現在只要鼓起勇氣就行了。嘴上說著：「說得真好！」並闔上書，然後繼續做著一如既往的事，什麼事都不會改變的。我們要不斷提醒自己，同時付諸行動才行，如此一來，各位在書裡看到的藍圖才會成真。

截至目前為止，我所說的方法都是為了培養出心智堅定的孩子，而心智堅定的孩子即使在人生中遇到挫折也會重新出發。各位父母一定也想成為這樣的人吧？請教導孩子這個觀念，然後一起成長吧！

一定可以的！我介紹的各種教養法實行上沒有難度，也不用花錢，只要改變一下想法即可。最困難的是父母要自己調適內心的不安，明知道對孩子無益，卻礙於自身的不安而繼續為之，身為父母的你豈能容忍？

孩童時期要過得開開心心，每天都要過得歡樂十足，父母必須創造出讓孩子越來越幸福的文化。讓孩子感到幸福不是每一位父母所盼望的嗎？唯有孩子感到幸福，他們長大後才能成為幸福的年輕人；唯有年輕人感到幸福，我們才有幸福的未來。其中脫穎而出的領導者將會引領國家往幸福之路邁進。

我們常說孩子是未來的主人翁，卻有許多父母忘了這句話。倘若各位已經開始翻閱這本書，那表示你已正式加入改變文化的行列。多數人雖然有想法，卻無法付諸行動，不過各位已經開始有所行動了。作家兼世界級演說家賽門．西奈克（Simon Sinek）曾如此說道：

「理想藍圖跟夢境一樣，假使我們沒有任何作為，它就會消失無蹤。」

若想讓藍圖成真，就必須有所行動。嘴上說要如何改變社會制度與教育制度，卻沒有採取任何行動，那究竟要由誰來改變呢？子女有好的發展是父母最大的動機。為了給孩子更幸福美好的人生，抱有這項動機的各位必須鼓起勇氣來。

每個人都鼓起勇氣，進而改變我們的文化，希望我們的孩子都能成為幸福的孩子、幸福的年輕人，甚至成為帶領社會邁向幸福之路的成員。希望二十年後的將來，我們能夠驕傲地回顧往事，並說：「當年我曾參與那場深具歷史意義的文化運動，我對當前的教養與教育文化可有一番貢獻呢！」

我們一起努力，一起覺醒，一起振作吧！

risetogether

國家圖書館出版品預行編目資料

本質教養：22 個親子練習，打造品格 × 心智 × 學習的全方位素養 / 池羅英著；
林育帆譯 . -- 初版 . -- 臺北市 : 日月文化 , 2023.11
288 面 ; 16.7*23 公分 . --（高 EQ 父母 ; 96）
譯自 : 세상에서 가장 쉬운 본질육아
ISBN 978-626-7329-70-2（平裝）
1. 親職教育 2. 子女教育
528.2 112015599

高 EQ 父母 96

本質教養

22 個親子練習，打造品格 × 心智 × 學習的全方位素養

세상에서 가장 쉬운 본질육아

作　　者：池羅英（지나영）
譯　　者：林育帆
主　　編：俞聖柔
校　　對：俞聖柔、魏秋綢
封面設計：Z 設計／鄭婷之
美術設計：LittleWork 編輯設計室

發 行 人：洪祺祥
副總經理：洪偉傑
副總編輯：謝美玲
法律顧問：建大法律事務所
財務顧問：高威會計師事務所
出　　版：日月文化出版股份有限公司
製　　作：大好書屋
地　　址：台北市信義路三段 151 號 8 樓
電　　話：(02)2708-5509　傳　　真：(02)2708-6157
客服信箱：service@heliopolis.com.tw
網　　址：www.heliopolis.com.tw
郵撥帳號：19716071 日月文化出版股份有限公司

總 經 銷：聯合發行股份有限公司
電　　話：(02)2917-8022　傳　　真：(02)2915-7212
印　　刷：軒承彩色印刷製版股份有限公司
初　　版：2023 年 11 月
定　　價：400 元
I S B N：978-626-7329-70-2

日月文化集團
HELIOPOLIS
CULTURE GROUP
客服專線 02-2708-5509
客服傳真 02-2708-6157
客服信箱 service@heliopolis.com.tw

廣告回函
台灣北區郵政管理局登記證
北台字第 000370 號
免貼郵票

日月文化集團 讀者服務部 收

10658 台北市信義路三段151號8樓

對折黏貼後，即可直接郵寄

日月文化網址：**www.heliopolis.com.tw**

最新消息、活動，請參考 FB 粉絲團

大量訂購，另有折扣優惠，請洽客服中心（詳見本頁上方所示連絡方式）。

大好書屋　寶鼎出版　山岳文化

EZ TALK　EZ Japan　EZ Korea

大好書屋・寶鼎出版・山岳文化・洪圖出版　EZ叢書館　EZKorea　EZTALK　EZJapan

日月文化集團
HELIOPOLIS
CULTURE GROUP

感謝您購買 本質教養

為提供完整服務與快速資訊，請詳細填寫以下資料，傳真至02-2708-6157或免貼郵票寄回，我們將不定期提供您最新資訊及最新優惠。

1. 姓名：＿＿＿＿＿＿＿＿＿＿　性別：□男　□女
2. 生日：＿＿＿＿年＿＿＿＿月＿＿＿＿日　職業：
3. 電話：（請務必填寫一種聯絡方式）
   （日）＿＿＿＿＿＿＿＿（夜）＿＿＿＿＿＿＿＿（手機）＿＿＿＿＿＿＿＿
4. 地址：□□□＿＿＿＿＿＿＿＿＿＿
5. 電子信箱：＿＿＿＿＿＿＿＿＿＿
6. 您從何處購買此書？□＿＿＿＿＿＿縣/市＿＿＿＿＿＿書店/量販超商
   □＿＿＿＿＿＿網路書店　□書展　□郵購　□其他
7. 您何時購買此書？　年　月　日
8. 您購買此書的原因：（可複選）
   □對書的主題有興趣　□作者　□出版社　□工作所需　□生活所需
   □資訊豐富　□價格合理（若不合理，您覺得合理價格應為＿＿＿＿＿）
   □封面/版面編排　□其他＿＿＿＿＿＿＿＿＿＿
9. 您從何處得知這本書的消息：□書店　□網路／電子報　□量販超商　□報紙
   □雜誌　□廣播　□電視　□他人推薦　□其他
10. 您對本書的評價：（1.非常滿意 2.滿意 3.普通 4.不滿意 5.非常不滿意）
    書名＿＿＿＿　內容＿＿＿＿　封面設計＿＿＿＿　版面編排＿＿＿＿　文/譯筆＿＿＿＿
11. 您通常以何種方式購書？□書店　□網路　□傳真訂購　□郵政劃撥　□其他
12. 您最喜歡在何處買書？
    □＿＿＿＿＿＿縣/市＿＿＿＿＿＿書店/量販超商　□網路書店
13. 您希望我們未來出版何種主題的書？＿＿＿＿＿＿＿＿＿＿
14. 您認為本書還須改進的地方？提供我們的建議？
    ＿＿＿＿＿＿＿＿＿＿＿＿＿＿＿＿＿＿＿＿
    ＿＿＿＿＿＿＿＿＿＿＿＿＿＿＿＿＿＿＿＿
    ＿＿＿＿＿＿＿＿＿＿＿＿＿＿＿＿＿＿＿＿
    ＿＿＿＿＿＿＿＿＿＿＿＿＿＿＿＿＿＿＿＿

生命，
因家庭而大好！

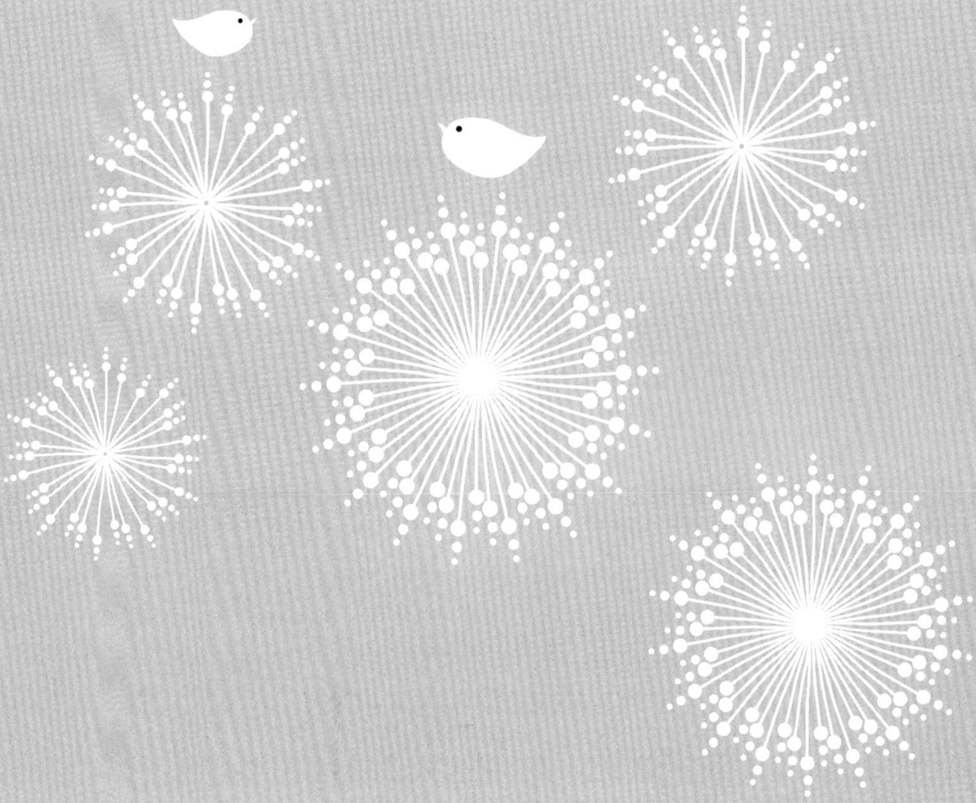